Simone Fuoss-Bühler/Hans Bühler (Hrsg.)

Interkulturelles Lernen in der Grundschule –
Wer lernt von wem?

Herausgeber

Gabriele Cwik war Rektorin an einer Grundschule und pädagogische Mitarbeiterin im Ministerium für Schule und Weiterbildung des Landes Nordrhein-Westfalen. Sie ist Schulrätin in der Schulaufsicht der Stadt Essen und zuständig für Grundschulen.

Dr. Klaus Metzger ist Regierungsschuldirektor, zuständig für alle fachlichen Fragen der Grundschule und die zweite Phase der Lehrerausbildung für Grund- und Hauptschulen im Regierungsbezirk Schwaben/Bayern.

Die Herausgeber und Autoren dieses Bandes

Simone Fuoss-Bühler ist seit 1998 Lehrerfortbildnerin im westafrikanischen Netzwerk „Schule und Entwicklung" und heute wissenschaftliche Angestellte an der Pädagogischen Hochschule Weingarten, wo sie die Geschäfte des Montessori-Studios führt.

Hans Bühler war von 1988 bis 2008 Professor in Weingarten und Esslingen mit den Schwerpunkten „Interkulturelles" und „Globales Lernen". Seit 1989 ist er Lehrerfortbildner im westafrikanischen Netzwerk „Schule und Entwicklung".

Die Autoren sind **Marwan Abado, Marina Hethke, Britta Kläsener, Zeynep Kalkavan, Winfried Kändler, Johanna Lochner, Moses Mofor Momulouh, Viola Raheb, Sigrid Schell-Straub, Jacob Léandre Sovoessi** und **Giang Vu.**

Simone Fuoss-Bühler/Hans Bühler (Hrsg.)

Interkulturelles Lernen in der Grundschule – Wer lernt von wem?

Miteinander und übereinander lernen
Für alle Jahrgangsstufen

Die in diesem Werk angegebenen Internetadressen haben wir überprüft (Redaktionsschluss November 2011). Dennoch können wir nicht ausschließen, dass unter einer solchen Adresse inzwischen ein ganz anderer Inhalt angeboten wird.
Nicht in allen Fällen konnten wir die Rechteinhaber ausfindig machen. Berechtigte Ansprüche werden wir im üblichen Rahmen vergüten.

www.cornelsen.de

Bibliografische Information: Die Deutsche Bibliothek verzeichnet diese Publikation in der Deutschen Nationalbibliografie; detaillierte bibliografische Daten sind im Internet über http://dnb.de abrufbar.

1. Auflage 2012
© 2012 Cornelsen Verlag, Berlin
Das Werk und seine Teile sind urheberrechtlich geschützt. Jede Nutzung in anderen als den gesetzlich zugelassenen Fällen bedarf deshalb der vorherigen schriftlichen Einwilligung des Verlags.
Hinweis zu den §§ 46, 52 a UrhG: Weder das Werk noch seine Teile dürfen ohne eine solche Einwilligung eingescannt und in ein Netzwerk eingestellt oder sonst öffentlich zugänglich gemacht werden. Dies gilt auch für Intranets von Schulen und sonstigen Bildungseinrichtungen.
Projektleitung: Gabriele Teubner-Nicolai, Berlin
Redaktion: Anja Sieber, Berlin
Herstellung: Brigitte Bredow/Regina Meiser, Berlin
Reihengestaltung: zweiband.media, Berlin
Satz/Layout: fotosatz griesheim GmbH, Griesheim
Umschlaggestaltung: Claudia Adam, Darmstadt; Torsten Lemme, Berlin
Umschlagfoto: © Aramanda – Fotolia.com
Bild- und Quellennachweis: S. 43 u. 44: Text, Musik und Foto: © Marko Simsa – www.markosimsa.at; S. 91: Johanna Lochner; S. 103: HEITMEIER, U. (2001): unesco-projekt-schulen gestalten Schule. In: forum, 3, 28; S. 115–117: Pädagogisches Werkstattgespräch entwicklungspolitischer Organisationen p. A. Welthaus Bielefeld
Druck und Bindung: CPI – Clausen & Bosse, Leck
Printed in Germany
ISBN 978-3-589-05191-5

Inhalt

Vorwort

Bundespräsident Christian Wulff hat 2010 in seiner Antrittsrede gefordert:

Wir müssen andere Kulturen besser kennen- und verstehen lernen, auf andere zugehen und den Austausch verstärken. … Das können wir schon hier bei uns einüben, in unserer Bundesrepublik, in unserer bunten Republik Deutschland.

Grundschulen haben bei diesem Einüben schon immer eine wichtige Rolle gespielt, denn sie sind der Ort, an dem sich Kinder aus verschiedenen Herkunftskulturen regelmäßig treffen. Und doch hat sich in den letzten Jahren einiges geändert, was jetzt beim Interkulturellen Lernen auch Eingang in die Schulpraxis in der Grundschule findet:

- Der Fremde ist nicht mehr nur „der kleine Pedro, der auf dem Titelbild einer Broschüre barfuß, Bambusflöte spielend, mit seinem Jutesack auf dem Rücken über die fernen Anden stapft". Vielmehr treffen wir uns angesichts der fortschreitenden Globalisierung und den damit zusammenhängenden Migrationsbewegungen immer mehr hier, in unserem Alltag und insbesondere in der Grundschule.
- Daraus folgt unmittelbar, dass das Interkulturelle Lernen über die Anderen ergänzt wird vom Interkulturellen Lernen von- und miteinander, auf gleicher Augenhöhe. Wo immer direktes interkulturelles Lernen von- und miteinander möglich ist, in der eigenen Schulklasse, in der Schule, im Wohnviertel, ist dies gut so. Es vermeidet exotistische Stilisierungen in Richtung des „edlen Wilden" ebenso wie vorurteilsbeladene Ängste vor dem „Schwarzen Mann". Die Grundlagen (Kap. 1, S. 10–41) werden dazu einige Denkanstöße geben.
- Lernen auf gleicher Augenhöhe ist ein Drahtseilakt, denn Einheimische sind in allen Kulturen auch Ethnozentristen, die sich kulturell für unverwechselbar und einmalig halten, nach dem Motto: „Wo icke bin, is jut". Sorgfältiger Umgang mit kultureller Vielfalt ist deshalb angezeigt, bei dem möglichst vermieden werden soll, vorschnelle Urteile zu fällen, nur um des eigenen inneren, wenn auch falschen Friedens willen.
- Interkulturelles Lernen ist eine mögliche Antwort auf die Neugierde von Kindern in der Grundschule zu allem, was man über „die" Welt wissen möchte. Das herkömmliche Unterrichtsprinzip vom „Nahen zum Fer-

nen" funktioniert heute nicht mehr automatisch. Kinder erfahren aus dem Fernsehen mehr über Kängurus in Australien als über Stallhasen auf dem Dorf in Mittelhessen.

- Interkulturelles Lernen ist auch in der Grundschule heutzutage ohne Vernetzungen mit benachbarten Lernbereichen nicht mehr möglich, wenn man dem Vorwurf begegnen will, dass man sich einseitig nur auf die Figur des „Fremden" konzentriere. Wir bieten deshalb drei der aktuellen Vernetzungen in Form von Unterrichtsbeispielen an: zum Globalen Lernen (in Kapitel 3, S. 77–113), zur Bildung für Nachhaltige Entwicklung (BNE, Kap. 1.5, S. 15–21) und zu ethischen Grundfragen (Kap. 2.4, S. 69–76).

Das Lernen auf gleicher Augenhöhe kommt auch dadurch zum Ausdruck, dass wir Autorinnen und Autoren (im Folgenden verzichten wir aus Gründen der besseren Lesbarkeit auf die weibliche Form) aus verschiedenen Kulturen gewonnen haben: Die Mehrzahl von uns ist aus Deutschland, teilweise mit noch deutlich erkennbarer, eigener Migrationsgeschichte. Dazu kommen noch Beiträge aus Österreich/Libanon (Kap. 2.1, S. 42–44), Kamerun (Kap. 2.3, S. 61–69), Benin (Kap. 3.1, S. 77–82), Österreich/Palästina (Kap. 3.4, S. 96–102) sowie Deutschland/Vietnam (Kap. 4, S. 114–123)

Die Einschübe an den Seitenrändern haben wir in den von uns formulierten Kapiteln in **Frageform** formuliert. Wir übernehmen dies aus traditioneller afrikanischer Rhetorik, wo Aussagen, die einem wichtig sind, in die Offenheit von Fragen zurückgeschickt werden.

Insgesamt hat dieser Band folgende Struktur, die diese aktuellen Anforderungen an ein zeitgemäßes, Interkulturelles Lernen in der Grundschule verwirklichen und den für Grundschulen typischen Reichtum an kreativen und weitgehend aktiven Methoden widerspiegeln soll. Behandelt und vorgestellt werden:

a) Projekte, die für die orientalische Erzählkultur werben, wie der „Fliegende Teppich"; die Interesse am zukünftigen Fragen wecken sollen wie die „Schatztruhe der Zukunft"; die „Beispiele für Bildungspartnerschaften" bilden oder die Sinne schärfen wie die „Schokoladenwerkstatt".

b) eine Exkursion, die die „Forscherreise in ein Tropengewächshaus" beschreibt.

c) ausführliche Unterrichtseinheiten für das dritte oder vierte Schuljahr dokumentiert wie in „TransAfrique" und in „Gerechtigkeit und Ungerechtigkeit".

d) zwei konzeptionelle Beiträge, die die Brücke vom Planen zum Handeln schlagen: zum einen zum „Bilingualismus" (Kap. 2.3, S. 61–69), zum anderen zum besonders sensiblen Übergang vom „Kindergarten in die Grundschule" (Kap. 3.4, S. 96–102).

Bilingualem Unterricht kommt in der Grundschule eine besondere Bedeutung zu. Wir bieten deshalb im Kapitel 1.8 (S. 34–41) eine theoretische Orientierungshilfe: Es werden aus einem Forschungsprojekt heraus zehn Lerntypen bilingualen Lernens entwickelt.

Theorie und Praxis in einem Buch zusammenzubringen, ist eine sehr reizvolle Aufgabe, denn es gilt, sich gut abzustimmen und zu kooperieren. Wir haben bei der Suche nach Praxisbeispielen nicht nach „best practice"-Beispielen Ausschau gehalten, sondern wir halten die hier abgedruckten Beiträge für „good practice"-Beispiele, die am ehesten im Unterrichtsalltag etwas bewirken können.

Trotz der berechtigten Forderung, dass Interkulturelles Lernen in der Grundschule so weit als möglich direkte Begegnungen im Lernen miteinander pflegen sollte, ist es für den Unterrichtsalltag auch hilfreich, gleichsam als Katalysator, über bewährte Literatur zu verfügen. Unsere Kolleginnen aus dem „Entwicklungspädagogischen Informationszentrum" (EPiZ) in Reutlingen haben deshalb in Kapitel 4 (S. 114–123) nicht nur wichtige Medien für Kinder kommentiert, sondern auch die bei der Medienauswahl hinterlegten Kriterien diskutiert.

Unser Dank gilt allen an diesem Band beteiligten Autorinnen und Autoren für ihre sehr konstruktive und spontane Zusammenarbeit.

Kressbronn, August 2011
Simone Fuoss-Bühler und Hans Bühler

1 Interkulturelles Lernen und Globales Lernen

Simone Fuoss-Bühler/Hans Bühler

„Interkulturelles Lernen" in der Grundschule ist ein anspruchsvolles Unterrichtskonzept. In diesem Kapitel versuchen wir, einige der Grundlagen aufzubereiten:

- Wir beginnen bei den interkulturellen Lernvoraussetzungen der Lernenden.
- Wir erinnern an Herausforderungen für Grundschulen und ihrer Lehrpersonen. Dabei werden erste Forderungen an Interkulturelles Lernen erkennbar.
- Wir weiten den Horizont durch einen historischen Rückblick.
- Wir stellen die wichtigsten aktuellen didaktischen Unterrichtskonzepte vor, die Anschlüsse an das Interkulturelle Lernen bieten.
- Wir skizzieren interkulturelle Erfahrungen wie Vorurteile, Vorstellungen über Kultur in ihren theoretischen Bezügen.
- Wir stellen eine Didaktik interkulturellen Lernens aus Sicht einer Lehrperson zusammen.

1.1 Kinder sind verschieden und einander ähnlich

Die meisten Konzepte zu Interkulturellem Lernen haben als Referenzrahmen Theorien aus Soziologie, Kulturtheorien, Forschungen zu Vorurteilen, Rassismus, Globalisierung etc. Dies ist nicht falsch, reicht aber für eine Begründung nicht aus. Wir beginnen deshalb mit „Erinnerungsarbeit" an die Voraussetzungen, die die Kinder mit in die Grundschule bringen:

„Kinder sind verschieden" … worin?

Weniger (Kinder) bedeutet (bedeuten) mehr (Unterschiede)?

Schon innerhalb einer Familie können die Entwicklungswege der Kinder verschieden sein. Mehr noch zwischen den Familien, denn die traditionelle Kleinfamilie ist nicht mehr die einzig gültige Familienstruktur. Armut bei ca. 15 % der Kinder, insbesondere von Alleinerziehenden, ist eine unmittelbare Konsequenz der Familienstruktur. Weiter gibt es – in Deutschland – immer weniger Kinder und deshalb immer weniger Altersgenossen zum Spielen. So sind Schulen nicht nur typische Lernorte, sondern haben für Kinder auch die wichtige Funktion von Treffpunkten, wo man Freundschaften pflegen kann.

Auch die multikulturelle Vielfalt nimmt zu, inklusive der verschiedenen Religionen und Normen des Umgangs miteinander. Erkennbar sind solche Normdifferenzen z. B. bei der Regelung von Konflikten während der großen Pause. Verschiedene Lebenswelten, insbesondere Migrationserfahrungen, zusammen mit den vielfältigen Muttersprachen, stellen Schulen vor ganz neue Herausforderungen.

> **Frage**
> Soll man Russisch auf dem Pausenhof als eine der Weltsprachen fördern, dulden oder gar verbieten, um einer Cliquenbildung vorzubeugen und um die deutsche Umgangssprache zu trainieren?

„Kinder sind einander auch ähnlich"

Das oben skizzierte komplexe Bild sollte man nicht vergessen, wenn man sich die Voraussetzungen von Kindern in der Grundschule für „Interkulturelles Lernen" vergegenwärtigen will: Viele Kinder haben schon einen Fundus an interkulturell wichtigen Erfahrungen, den die Grundschule in ihren Bildungsauftrag mit einbeziehen muss.

Gleichzeitig bezweifeln wir, ob Kindern in diesem Alter kulturelle Unterschiede schon wichtig sind, denn gesunde Kinder

- verhalten sich neugierig und offen, auch und gerade gegenüber Fremdem und Fremden,
- sind sensibel für andere und anderes, um ihre eigene Zerbrechlichkeit zu schützen,
- suchen stabile Beziehungen, vor allem zu Gleichaltrigen, egal woher sie kommen,
- haben eine klare Ethik: Nicht „Jedem das Seine" sondern „Jedem das Gleiche".

1.2 Herausforderungen

Was für Kinder zutrifft, gilt auch für uns Unterrichtende: Wir sind sehr verschieden und üben dennoch dieselbe Profession aus – was letztlich mit einem Bekenntnis zu unserem pädagogischen Beruf zu tun hat. Deshalb sollen die allgemeinen bildungstheoretischen Grundlagen hier nicht nochmals bemüht werden, sie gelten auch weiterhin.

Interkulturelles Lernen führt moderne Schulen und Lehrende allerdings in ein Dilemma: Eine der traditionellen Funktionen von Schulen, die Enkulturation, kann in einer multikulturellen Gesellschaft nicht mehr auf einer bzw. mehreren Nationalkulturen aufbauen. Sie muss sich der kulturel-

Macht zu viel Komplexität perplex?

len Vielfalt öffnen, ohne Verwirrung zu stiften. Diese Komplexität wird heutzutage noch durch die zunehmende Individualisierung gesteigert. Identitätsbildung als wichtiger Teil der Sozialisation ist folglich häufig in Gefahr, die Offenheit der Kinder zu sehr zu reduzieren. Interkulturelles Lernen in der Grundschule sollte vorschnellen Verkrustungen entgegenwirken und die Lust und Neugierde an multikultureller Vielfalt pflegen.

Erschwerend kommt hinzu, dass jede Schule in ihrem Kontext auf der ständigen Suche nach ihrem eigenen Profil sein muss. Bildungspläne und Lernzielkataloge helfen da nur wenig. Vielmehr ist es für Interkulturelles Lernen unerlässlich, dass wir uns als Schulleitung und als Lehrkräfte unserer eigenen Positionen in dieser multikulturellen Vielfalt bewusst werden, damit diese in die Lernzielkataloge mit einfließen können.

Schließlich wurde von uns Unterrichtenden eine Erweiterung unserer Berufsrolle gefordert: Die traditionelle Rolle des „Wissensvermittlers" musste um die Rolle des „Lernbegleiters" ergänzt werden. Der zweite Fokus fördert bei den Schülern die Kompetenzen für individuelles, lebenslanges Lernen.

Diese beiden Rollenkonzepte finden wir auch bei Interkulturellem Lernen in der Grundschule wieder: Es gibt – auch weiterhin – eine nicht überschaubare Menge an Wissenswertem über unsere Welt. Sie lässt sich nicht mehr mit dem Dorfbrunnen als überkommenem Symbol der Nähe und Heimatverbundenheit bündeln. Vielmehr ist die Unüberschaubarkeit der Globalisierung Teil unseres Alltags geworden, sei es durch die Massenmedien oder durch drohende Arbeitslosigkeit oder Angst vor Terrorismus.

Interkulturell übereinander lernen

Was ist besser: interkulturell miteinander oder übereinander lernen? (Oder: Kann man so überhaupt fragen?)

Wir fassen den Bildungsauftrag, das Wissen über unsere Welt durch Interkulturelles Lernen zu erweitern, mit der didaktischen Kategorie des „Lernens übereinander" zusammen. Wissensvermittlung wird also auch weiterhin im Vordergrund stehen. Die meisten Lernformen der Wissensaneignung und Präsentation sind hier geeignet.

Interkulturell voneinander und miteinander lernen

Gleichzeitig ist diese komplexe multikulturelle Welt für die Kinder nicht nur abstrakt und weit weg. Sie ist Teil ihres Alltags, oft auch in der eigenen Grundschulklasse. Hier ist die Rolle der Lernbegleitung gefragt, die behutsam dafür sorgt, durch „Lernen voneinander und miteinander" einen friedlichen und konstruktiven Umgang mit dieser neuen Vielfalt einzuüben. Ausgehend von den Lernvoraussetzungen und Interessen der Lernenden werden die problemorientierten und handlungsorientierten Zugänge individuell sehr unterschiedlich ausfallen. Dennoch sollten sie in situierter Lernumgebung, lebensnah und sozial eingebettet, stattfinden.

1.3 Historischer Rückblick: Von der Ausländerpädagogik zum Globalen Lernen

Es gibt inzwischen eine Vielzahl an Konzepten, die mit dem interkulturellen Lernen verknüpft sind, angefangen bei der Ausländerpädagogik bis hin zu Globalem Lernen. Wir müssen sie hier skizzieren, um zu begründen, weshalb wir Interkulturelles Lernen für das am besten geeignete Konzept innerhalb der Grundschule halten.

Einleitend ein kurzer historischer Rückblick:

„Interkulturelles Lernen" hat sich schon vor über 300 Jahren angedeutet. Am häufigsten zitiert wird J. A. Comenius, der böhmische Bischof und Pädagoge. In seiner *Pampaedia* forderte er, dass allen Kindern alles gelehrt werden müsse (1991). Die Figur des „Weltbürgers", eine der zentralen Zieldimensionen, taucht in der Aufklärung, insbesondere bei Kant, aber auch schon bei Montesquieu auf. Die Aufklärung hatte die philosophischen Grundlagen (auch) für Interkulturelles Lernen gelegt.

Diese Grundlagen wurden (und werden bis heute) im Zeitalter der aufkommenden Nationalismen, insbesondere unter der Gewalt der Faschismen, zurückgedrängt, wo den Menschen eingehämmert wurde (und wird): „Du bist nichts, dein Volk ist alles."

So viel Historie, muss das sein?

Nach dem Zweiten Weltkrieg setzten sich in Politik und Bildung weltweit verschiedene Trends und Themen durch, die bis heute Relevanz haben. Am deutlichsten hat sie Klafki 1980 in seiner kritisch-konstruktiven Didaktik als „generative Schlüsselthemen" formuliert. Für jeden Unterricht bedeutsam seien Themen wie:

- Weltbevölkerung und Migration
- Nationalität und Internationalität
- Krieg und Frieden
- Umwelt
- Geschlechterbeziehungen

(Klafki 2002)

Insgesamt ist diesen Schlüsselthemen die Grundfrage nach „Frieden, Gerechtigkeit und Bewahrung der Schöpfung" hinterlegt, eine Formulierung, die der Ökumenische Rat der (protestantischen) Kirchen (ÖRK) in Genf prägte.

Wir meinen, dass Kinder in Grundschulen diese Schlüsselthemen bereits erleben, nicht diskursiv und damit argumentativ, sondern eher in einer schwer auflösbaren Mischung aus Faszination und Angst. Sie müssen also Teil des Bildungsauftrages auch der Grundschulen sein. Nur so holen wir die Kinder da ab, wo sie stehen, und nehmen ihre Entwicklungsbedürfnisse und Möglichkeiten ernst.

1.4 Aktuelle Konzepte

Drei Konzepte spielen auch heute noch eine Rolle für Interkulturelles Lernen in der Grundschule. Sie sollen deshalb hier skizziert werden:

- Ausländerpädagogik
- Bildung für nachhaltige Entwicklung
- Globales Lernen

Wo bleibt da die „Inländer-Pädagogik"?

Ausländerpädagogik entstand in den 1960er Jahren des letzten Jahrhunderts als eine „Sonderpädagogik" (NIEKRAWITZ 1990) für die Kinder von „Gastarbeitern". Arbeitskräfte hatte man gesucht, die nur kurzfristig beim Wiederaufbau der Bundesrepublik mitarbeiten sollten. Menschen – wie es MAX FRISCH auf den Punkt brachte – sind jedoch mit ihren Familien gekommen, die zumeist dort, wo sie Arbeit fanden, auch bleiben wollten.

Schulen waren kaum auf diese Arbeitsmigration vorbereitet. Deshalb kümmerten sich in der ersten Phase vor allem private Hausaufgabeninitiativen um diese Kinder von „Gastarbeitern". Erste schulische Initiativen waren dann Förderklassen, die sich vor allem um die schnelle Förderung der deutschen Sprache kümmerten. In manchen Schulen gibt es diese Förderklassen bis heute.

Grundlegende Kritik an diesem Konzept ist berechtigt, denn es setzt voraus, dass Migranten sich eben in der Aufnahmegesellschaft schnell und ganz assimilieren müssten, um „gute Deutsche" zu werden. Hauptaugenmerk wird dabei auf deutsche Sprachkompetenz gelegt. Die aufnehmende deutsche Gesellschaft muss sich nicht irgendwie ändern. Man meinte, das „Gastarbeiter-Problem" werde sich von selbst lösen, wenn diese lange genug hier lebten oder nach getaner Arbeit in ihre Heimat zurückkehren würden. Dies hat sich jedoch als falsch erwiesen, wie wir heutzutage an der zunehmend multikulturellen Vielfalt sehen können. Deutschland versteht sich inzwischen als Einwanderungsland, das dringend auf Zuwanderung, insbesondere von qualifizierten Fachkräften, angewiesen ist. Es ist offenkundig, dass beides nicht gleichzeitig geht: Man kann Fachkräften und deren Familien nicht das Leben und Arbeiten in Deutschland schmackhaft machen wollen und gleichzeitig den Deutschen zugestehen, dass sich bei ihnen dadurch überhaupt nichts ändern werde. Beidseitiges multikulturelles Zugehen aufeinander ist das Gebot der Stunde, Interkulturelles Lernen ist eine der Methoden, um diesem Ziel näherzukommen.

Hierzu ist funktionaler Sprachunterricht ein zentrales Mittel, der einerseits Deutsch als allgemeine Verkehrssprache sichert, andererseits die Muttersprachen nicht verkümmern lässt. Für eine friedliche Zukunft in unserer Gesellschaft ist Mehrsprachigkeit grundlegend wichtig – übrigens auch für unsere exportabhängige Ökonomie. Sprachförderung aus der Zeit der Ausländerpädagogik ist also auch heute noch gerechtfertigt. Allerdings nicht mehr unter dem Vorzeichen einer kulturellen Einbahnstraße, sondern mit den moderneren Konzepten des bilingualen Sprachunterrichts. Wir haben zu diesem wichtigen Aspekt Interkulturellen Lernens zwei Kapitel eingefügt: die aktuellen Grundlagen (Kap. 1.8, S. 34–41) und ein strategisch interessantes Konzept aus Kamerun (Kap. 2.3, S. 61–69).

1.5 Bildung für nachhaltige Entwicklung (BNE)

Die Kernaussage gründet auf der ökologisch begründbaren Einsicht, die der „Club of Rome" als Erster seit 1972 eindringlich formulierte: Es kann kein grenzenloses, ökonomisches Wachstum geben, weil wir diese Erde nur einmal haben (Meadows 1972).

Neben den Fragen nach Besitz, nach Wünschen, Arbeit und der Angst vor Arbeitslosigkeit spielen anschauliche Naturvorgänge für Grundschulkinder eine große Rolle. Sie berühren das komplexe Thema des Klimawandels. Wahrscheinlich ist der „Mensch-Natur-Umwelt-Bereich" (Bildungsplan Baden-Württemberg, 2004) als Nachbarkonzept zu Interkulturellem Lernen der wichtigste Bereich.

Bildung für nachhaltige Entwicklung (BNE) funktioniert didaktisch nicht wie in den Anfängen der Umwelterziehung – mit einer wissenschaftlich gut begründeten Katastrophenpädagogik, die die Zukunftsfähigkeit der Menschheit insgesamt in den düstersten Szenarien ausbreitet. Vielmehr ist eine gute Mischung aus Informationen, Neugierde und – wenn es sehr gut geht – dem Willen zum aktiven Mitwirken am Naturschutz notwendig. Wissen und die Entwicklung von Lernkompetenzen sind dabei gleich wichtig. Hier besteht eine enge, methodische Verbindung zwischen BNE und Interkulturellem Lernen.

Wie geht BNE in der Grundschule, ohne den Kindern Angst zu machen?

„Nachhaltigkeit" spielt bei BNE eine zentrale Rolle. Dies ist keine moderne Erfindung. Sie stammt aus der mittelalterlichen Forstwirtschaft, als – etwa in Klöstern im Elsass – erkannt wurde, dass man aus dem Wald nicht mehr Holz herausholen sollte, wie die Natur nachwachsen lässt. „Nachhaltigkeit" ist heutzutage zu einem Modewort geworden. Deshalb sei hier nochmals daran erinnert, dass es bei dieser Kategorie eigentlich um eine menschliche Grundtugend geht, nämlich nicht mehr zu verbrauchen, als man zur Verfügung hat.

In der wissenschaftlichen und politischen Diskussion unterscheidet man heute fünf Dimensionen, die für Nachhaltigkeit konstitutiv sind:

- ökologische
- politische
- soziale
- ökonomische
- kulturelle

Die damit gemeinten Systeme sind nicht voneinander trennbar, vielmehr hängt – aus systemischer Sicht – alles mit allem zusammen. BNE reicht also weit in die Veränderung unserer Lebensstile hinein. Dies macht die Verwirklichung so schwierig: Wir wissen ziemlich viel über ökologische Implikationen unseres Handelns. Doch ist es ein weiter Weg vom komplexen Wissen zum erfolgreichen Handeln.

Eine Episode aus einem Schulfest soll zum Abschluss zeigen, dass das für BNE notwendige „Prinzip Hoffnung" kein Traum bleiben muss:

Die „Freie Schule" in Lindau stellte im Juni 2011 der Öffentlichkeit ihre vielfältige Arbeit vor. Dabei spielte auch ein großes Projekt zum Klimawandel eine Rolle. Bei den Reden, die auch zu einer solchen Schulfeier gehören, zeigte sich der Vize-Bürgermeister von der Vielfalt der Projekte beeindruckt. Nach seiner Rede standen spontan zwei Mädchen auf, schenkten ihm eine Dokumentation ihres Projekts und fragten ihn, ob er mitmachen würde, auf dem Rondell vor ihrer Schule gemeinsam einen Baum zu pflanzen. Er sagte zu.

Globales Lernen ist spätestens seit der Welt-Konferenz in Rio de Janeiro (1972) als Teil der „Agenda 21" auf der internationalen didaktischen Tagesordnung. Alle Länder der EU kennen dieses Konzept, die anglophonen und die Skandinavier mehr, die frankophonen weniger (KMK, 2006). International sind unterschiedliche Schwerpunkte entstanden. Wir stellen die Rezeption in Deutschland, Österreich und der Schweiz hier dar, weil diese aktuell die größte Resonanz haben.

Mündet zu viel Umgang mit Vielfalt in Einfalt?

Man kann davon ausgehen, dass Bildung für nachhaltige Entwicklung und Interkulturelles Lernen heutzutage als integrierte Teile von Globales

Lernen verstanden werden (Asbrand 2002, Bühler 1996, Lang-Wojtasik 2010). Alle Konzepte sensibilisieren für den achtsamen Umgang mit Vielfalt: bei interkulturellem Lernen mit kultureller Vielfalt, bei BNE mit der natürlichen Artenvielfalt und mit der damit zusammenhängenden Überlebensfähigkeit der Menschen, bei Globalem Lernen mit den widersprüchlichen Haltungen und Handlungsoptionen zwischen lokal und global.

Folgende Tendenzen haben wesentlich zur Entwicklung des Globalen Lernens beigetragen:

- Die Aufarbeitung des Kolonialismus und des damit verbundenen Rassismus, etwa in der „Pädagogik der Unterdrückten" von Paulo Freire (1973) ist immer noch aktuell und mahnt zu aufmerksamem Umgang mit äußerlich Fremden. Es provoziert die Frage nach einem gleichberechtigten Umgang miteinander und mündet letztendlich in einen Appell, gewaltfrei und dialogisch mehr Gerechtigkeit in der Welt zu schaffen.
- Die „Wiege der Menschheit" war vor 4 Millionen Jahren wohl im ostafrikanischen Grabenbruch. Seit 150 000 Jahren sind wir Menschen von dort aus losgezogen. Migration ist also eine der Grundtatsachen für uns Menschen. Doch hat sie weltweit und signifikant so zugenommen (Sassen 2010), dass der Fremde nicht mehr weit weg, gleichsam als Fabelwesen beschrieben werden kann, sondern er ist zum Normalfall, im Alltag, in der Nachbarschaft, ja manchmal in uns selbst geworden. Da wir damit umgehen lernen müssen, wird Interkulturelles Lernen, insbesondere in der Grundschule, zu einem zentralen Teil Globalen Lernens.
- Globalisierung ist im letzten Jahrzehnt in unser aller Bewusstsein gerückt. Sie hat inzwischen unseren Alltag erreicht, ob wir das wollen oder nicht – die Reichen eher in ihrer hektischen Suche nach besserer Platzierung ihrer „Assets", die Armen in ihrer Angst vor Hunger, Arbeitslosigkeit und weiterem sozialen Abstieg, alle zusammen in der Angst vor terroristischer Gewalt. Grundwissen zu Ökonomie und Politik gehören deshalb auch zu Globalem Lernen, in der Grundschule allerdings erst in Ansätzen.
- Schließlich haben sich diese Ängste in letzter Zeit zunehmend artikuliert in der Frage, wer sich in diese Gesellschaft wie integrieren könne und wolle. Dies reicht weit in die bürgerliche Mitte unserer Gesellschaft hinein, wie man einerseits an der Debatte um „Leitkultur" sowie andererseits am Plädoyer des Bundespräsidenten, dass der Islam zu dieser Gesellschaft gehöre, erkennen kann.

Globales Lernen
geht doch auch
schon in der
Grundschule, oder? Wir haben den Eindruck, dass für viele Kinder im Grundschulalter diese Debatte noch nicht relevant ist. Vielmehr ist für sie entscheidend, wer als Spielkamerad zu einem passt, was man gemeinsam tun kann. Dieser Erfahrungsschatz sollte gerade in der Grundschule für das Lernen voneinander und miteinander genutzt werden als handlungsrelevante Vorbereitung auf Globales Lernen in weiterführenden Schulen.

Ein Blick in die aktuellen Grundschullehrpläne zeigt, dass Globales Lernen mit dem Schwerpunkt Interkulturelles Lernen in den Lehr- oder Bildungsplänen der Grundschule angekommen ist. Dazu folgen ein paar Belege aus einigen Bundesländern.

Baden-Württemberg (2004, Klasse 2: Mensch – Natur – Umwelt, auf Seite 100):

Die Schülerinnen und Schüler finden unterschiedliche Ausdrucksformen für ihre Persönlichkeit, ihre Gedanken, Gefühle und Selbstwahrnehmung ...
... entwickeln die Fähigkeiten, sich an ihre Lebensgeschichte zu erinnern, sich darüber mitzuteilen und Vorstellungen für ihre Zukunft zu entwickeln,
... (sie) kennen verschiedene Formen des Zusammenlebens, demokratische Beteiligungsformen und einfache Konfliktlösungsstrategien.

Klasse 4: Deutsch, auf Seite 50:

Die Schülerinnen und Schüler können Gemeinsamkeiten und Unterschiede zwischen Deutsch, den Fremdsprachen und den Herkunftssprachen entdecken
... Dialekte und Standardsprache situationsgemäß und partnerbezogen einsetzen
... unterschiedliche Schrifttypen und Schriftzeichen aus unterschiedlichen ... Ländern und Kulturen.

Hessen (Hessischer Lehrplan, Klasse 1/2: Sachunterricht, auf Seite 110):

Die Themen des Sachunterrichts sind auf gesellschaftliche Schlüsselprobleme zu beziehen. Im ersten/zweiten Schuljahr entwickeln die Kinder im gemeinsamen Lehren und Lernen Offenheit und Respekt gegenüber anderen. Sie erfahren von Lebensumständen anderer Kinder und sollen Selbstbewusstsein und Einfühlungsvermögen gewinnen. Indem sie sich an der Gestaltung des Schulalltags und an klasseninternen Entscheidungen beteiligen, üben sie demokratische Spielregeln ein. In diesem Zusammenhang werden ihnen Regeln, Mehrheitsentscheidungen und Minderheitenschutz einsichtig. Im dritten und vierten Schuljahr beschäftigen sie sich zunehmend mit dem Leben von Kindern / Menschen in anderen Ländern und / oder Zeiten, anderer Herkunft und / oder anderen Glaubens und / oder anderer körperlicher und geistiger Fähigkeiten ... Sie sollen eine Haltung entwickeln, die Unterschiede toleriert und gleiche Rechte für alle fordert.

Berlin (Grundschule, Deutsch, Bildungsstandards 2004):

... verstehend zuhören: gezielt nachfragen; Verstehen und Nicht-Verstehen zum Ausdruck bringen ...
... sprachlich Verständigung untersuchen: über Verstehens- und Verständigungsprobleme sprechen ...

Ausgangspunkt ist die angesichts der Globalisierung zunehmende Heterogenität (GOGOLIN et al. 2006). Die dabei hinterlegte, langfristige Zielperspektive für Globales Lernen ist das friedliche Zusammenleben aller Menschen auf dieser, unserer, einzigen Erde.
Folgende Grobziele sind dem Globalen Lernen seit Mitte der 1990er Jahre hinterlegt:
• den Bildungshorizont erweitern
• die Identität reflektieren und die Kommunikation verbessern
• den Lebensstil überdenken (BÜRGISSER 1995, 9)
• die Verbindung von „lokal" und „global" als Chance zu begreifen, nicht nur individuell, sondern auch sozial.

SCHEUNPFLUG formuliert als Ziel, den Umgang mit Komplexität nicht nur als Abwehrreflex, sondern auch als Gestaltungskompetenz zu begreifen. Dazu gehört auch:
• mit Widersprüchen umzugehen
• Empathie üben
• Kränkungen nicht nur erleiden, sondern produktiv gestalten (SCHEUNPFLUG 2000, 8–9).

Globales Lernen umfasst folgende Dimensionen:
a) „räumlich": „Eine Entgrenzung des sicher geglaubten ... Referenzrahmens einer Nation"
b) „sachlich": „Die zunehmende Informationsflut als Komplexität in den Blick zu nehmen"

c) „zeitlich": „Eine Beschleunigung des sozialen Wandels ... sowie eine Gleichzeitigkeit ungleichzeitiger Prozesse, wodurch eine stärkere Verunsicherung" entsteht

d) „sozial": „Je individueller jeder Einzelne gedacht werden kann, umso vielfältiger werden die Möglichkeiten der Freiheit! Damit wird Vertrautes möglicherweise fremder und Fremdes wird vertrauter."
(Lang-Wojtasik 2010, 117–118)

Dimensionen Globalen Lernens: Schülergespräche

– räumlich:

„Klar helfen sich Freunde und Nachbarn. Ach so, dann verleiht Deutschland seinen Nachbarn auch Geld. Und wenn die arbeitslos werden?"

– sachlich:

„Oh, die behaupten beide, sie haben recht. Ist Soja-Fleisch (Tofu) nun besser als Tierfleisch oder nicht? Und, wie sieht das Ganze aus, wenn es stimmt, dass Soja 100%ig gentechnisch verändert sei? "

– zeitlich:

„Im Unterricht: Was ist aktueller, unser Unterricht, das Internet oder Fernsehsendungen wie ‚Willi will's wissen?'"

– sozial:

„Was wir am Sonntag machen? Das entscheiden wir spontan. Wie? Bei euch gehen noch alle in die Kirche? Darf da niemand ausschlafen?"

– inklusive der notwendigen Sprachkompetenzen

„In manchen Gegenden Deutschlands lernen die Primarschüler Französisch. Wir lernen Englisch. Warum? Und warum lernen die Menschen in Nordrheinwestfalen nicht Flämisch? Und komisch: Wieso lernen wir nicht zuerst mal Türkisch oder dann gleich Chinesisch?"

Schweizer Kollegen (Bürgisser 1992, 12) haben schon vor 20 Jahren traditionelles Lernen dem Globalen Lernen so gegenübergestellt:

Traditionelles Lernen	Globales Lernen
regionenzentrierte Weltsicht	globale Weltsicht
(geographisch) vom Nahen zum Fernen	Verknüpfung lokal – global
weite Welt, weit weg vom persönlichen Erfahrungsbereich der Lernenden	weite Welt mit dem Lebensraum der Lernenden verknüpft
Wissen wird in Fächern und Systemen gefördert	Denken wird in Zusammenhängen und Teilbereichen vermittelt

Lernende in passiven Rollen	Lernende in aktiven Rollen
ungefähre Abstraktion vermittelt	eigene Erfahrungen der Lernenden werden zugelassen und gefördert
Rationalität steht im Vordergrund	Fantasie, Kreativität und Emotionen werden gefördert
Konkurrenz und Wettstreit	Zusammenarbeit und Solidarität

Interkulturelles und Globales Lernen in der Grundschule haben die oben formulierten Ziele gemeinsam. Sie lassen sich auch so bündeln:

- Die Lernenden sollten auch in der Grundschule schon frühzeitig den Umgang mit Komplexität lernen, damit sie nicht perplex oder gar handlungsunfähig werden. In unserer Sprache finden wir dazu Redewendungen wie: „aus allen Wolken fallen", die signalisieren, dass überwältigende Komplexität einen perplex, also handlungsunfähig machen kann.

- Dabei werden jedoch nicht wie in den weiterführenden Schulen strukturelle Probleme und das damit verbundene Weltwissen in den Vordergrund gerückt. Vielmehr ist der direkte Bezug zu alltäglichen, interkulturellen Erfahrungen der Lernenden und zu ihrer Lebensgeschichte konstitutiv. Belehrungen haben dabei wenig Sinn. Vielmehr ist das Lernen von- und miteinander hilfreich, denn es vermeidet die drohende Stigmatisierung von Migrantenkindern als „Fremde" und ermöglicht durch das Lernen auf gleicher Augenhöhe diskriminierende Besserwisserei.

Wie geht „Weltwissen", wenn man als Einzelner in seinem gesamten Leben nie genug über die ganze Welt wissen kann?

- Handelndes Lernen ist ein oft angebotenes Unterrichtsprinzip – unabhängig auch von „typisch interkulturellen" Themen.

- Ein viel zitiertes Beispiel ist etwa die Organisation eines Schulfestes, zu dem auch gemeinsames Essen gehört. Interkulturelle Sensibilität verlangt dabei, dass man den in anderen Kulturen üblichen Essgewohnheiten gegenüber nicht abwehrend, sondern neugierig und offen ist. Doch wie entsteht diese Offenheit? Sicherlich nur sehr behutsam, indem man sich klarmacht, dass einerseits Essensgewohnheiten ein guter Schutzmechanismus sind, um uns vor unliebsamen oder gefährlichen Überraschungen zu schützen. Wenn aber Essensgewohnheiten zu statisch sind, verspielen sie eventuell Chancen, um neue Geschmäcker und damit Essensgewohnheiten zu entwickeln. Schließlich ist das bedingungslose, gemeinsame Essen der Speisen von anderen eines der stärksten Symbole, mit denen Zusammengehörigkeit signalisiert wird. Weltweit gilt: kein Fest ohne gemeinsames Essen.

Verstehen oder/ und anpassen? Wer an wen?

- Interkulturelles Lernen beginnt beim sozialen Lernen, wo in einer Gemeinschaft achtsam miteinander umgegangen wird und allen Formen der Gewalt schnell Einhalt geboten wird.
- Strukturelles Wissen sollte da aufgenommen werden, wo es auf Fragen der Kinder beruht, wie: „Waren die ersten Menschen hellhäutig oder dunkelhäutig?"

1.6 Interkulturelle Erfahrungen und ihre theoretischen Grundlagen

Die Wahrnehmung unserer Beurteilung der Umwelt, die „Entscheidung", wann wir ängstlich oder neugierig sind, basiert auf Konstrukten, die sich auch Lehrpersonen aneignen, um pädagogisch sinnvoll handeln zu können. Meistens kommen sie aus der Psychologie, Soziologie oder neuerdings auch aus der Biologie und der Neurologie.

Beginnen wir mit einem Beispiel, das uns neulich in einem Gespräch mit einem Bekannten begegnet ist:

Beispiel

Ein Ingenieur aus der Entwicklungsarbeitung eines Weltunternehmens, mit Sitz in Süddeutschland, erzählt:

„Wir arbeiten in China, d. h., wir produzieren Teile unserer Waren auch in China. Dort haben wir es mit mehreren Herausforderungen zu tun, weshalb ich öfters hinfliegen muss: Sprachlich gibt es keine Verständigung, wenn die Arbeiter dort nicht Deutsch können – denn Chinesisch lernen dauert ein Leben lang, geht also nicht. Wirtschaftlich müssen unsere Mitarbeiter eigentlich einige Semester hier in Deutschland studieren, sonst verstehen sie die Betriebsabläufe und die Kommunikationswege nicht. Kulturell ist es am schwierigsten. Da suchen wir Leute mit interkultureller Kompetenz, die uns auch verstehen, d. h. etwa, dass sie nicht unhöflich sind und Probleme verschweigen, die wir dringend bearbeiten müssten. Wir haben uns schon solche Mitarbeiter herangezogen, sie ausgebildet und gefördert. Dann greift aber das kapitalistische Marktprinzip, und wegen 100 Euro Mehrverdienst bei der Konkurrenz sind sie wieder weg! Was wir interkulturell und langfristig aufbauen müssen, das ist gegenseitiges Vertrauen."

Was fällt hier auf? Es geht um Vertrauen als der wichtigsten Grundlage ökonomischer und technischer Zusammenarbeit in einer globalisierten Welt. Dieses Vertrauen ist nicht gegeben, weil es Sprachbarrieren gibt, die mit fehlender interkultureller Kompetenz verknüpft sind. Lösungen erscheinen nur langfristig möglich zu sein. Dabei ist interessant, dass die Sprachbarriere nur einseitig überwindbar erscheint: Chinesisch scheint für „uns Deutsche" zu schwierig zu sein.

Wird „Chinesisch" die nächste Weltsprache sein?

Vorbei also die „guten alten Zeiten", wo ein Volk und vor allem sein Führer wusste: „Am deutschen Wesen soll die ganze Welt genesen." Wer sich nach der Eindeutigkeit und Geschlossenheit der Nationalkulturen zurücksehnt, der sollte nicht vergessen, welch grauenvolle Konsequenzen dies gerade im Europa des 20. Jahrhunderts hatte. Dies bedeutet jedoch nicht, dass wir die neue kulturelle Unübersichtlichkeit glorifizieren wollten. Globalisierung kennt – vorläufig? – keine Alternative. Dem müssen wir in den Schulen Rechnung tragen: nicht durch eine neue Indoktrination, sondern durch behutsames Erkennen des Inkrafttretens von Mechanismen bei interkulturellen Begegnungen, indem wir dabei sind, wenn es um positive interkulturelle Erfahrungen geht. Schließlich muss von einer modernen Schule auch gefordert werden, dass sie in ihrem Schulalltag klar gegen Gewalt Position bezieht, die sich durch kulturelle Unterschiede legitimiert sieht.

Dazu einige Vorurteile:
„Alle Mädchen sind blöd."
„Alle Jungen sind doof."

Diese Vorurteile rühren an das alltägliche Konfliktpotenzial in Grundschulen.

Verschärft kann dies auftauchen, wenn jemand behauptet:

„Alle Neger sind dumm."

(Übrigens, wie soll man dunkelhäutige Menschen bezeichnen, ohne gleich als Rassist beschimpft zu werden? Wir schlagen vor, wo immer möglich, das Herkunftsland zu verwenden, also Menschen aus Nigeria sind eben „Nigerianer" und „Nigerianerinnen". Wo dies nicht bekannt ist, kann man sich auch mit dem Herkunftskontinent behelfen: „Europäer" oder „Afrikaner" etc.)

Diese Beispiele enthalten vier Elemente, die aus der Vorurteilsforschung bekannt sind:
• Vorurteile entstehen nicht notwendigerweise durch eigene Erfahrungen, wie man insbesondere an der letzten Behauptung erkennen kann.

Sie sind vielmehr unaufgeklärter Teil des „historischen Rucksacks", den jeder mit sich herumträgt.

- Sie sind intellektuell nicht zu fassen, weil sie mit groben Verallgemeinerungen hantieren und gegenüber jeder vernünftigen Argumentation immun sind.
- Sie sind immer diskriminierend – positive Vorurteile gibt es eigentlich nicht, es sei denn, es handelt sich um eine besondere (Zu-)Neigung, die mit der Endung -philie bezeichnet wird wie etwa die „Frankophilie".
- Die Diskriminierung spielt demjenigen, der Vorurteile äußert, ein verlogenes Gefühl der Höherwertigkeit zu, das im Extremfall zur Legitimierung von Gewalt dienen kann.

Müsste man Vorurteile abschaffen? So einfach geht das nicht, wie uns das berühmte Zitat von Einstein erahnen lässt, der formulierte: „Das größte Vorurteil ist es zu behaupten, man habe keine Vorurteile". Gehören also *Welche Vorurteile* Vorurteile zur natürlichen Grundausstattung eines jeden Menschen? Wahr- *wohl Einstein* scheinlich schon. Doch sind sie ambivalent: Einerseits funktionieren sie *selbst hatte?* durch die verwerfliche Abwertung des/der Anderen. Andererseits bilden sie als Stereotypen aber auch einen Teil der Individualität und Identität eines jeden Einzelnen. Außerdem helfen sie mit, die individuelle Wahrnehmung zu strukturieren, aber auch zu verzerren.

Vorurteile zu überwinden, wie in manchen Grundschullehrplänen gefordert, ist leider kein lineares und einfaches Unterfangen. Vorschnelles, wenn auch gut gemeintes Agieren im Interkulturellen Lernen wird deshalb wenig helfen. Wir müssen uns vielmehr noch einige Mechanismen vor Augen führen, die Teil des historischen Rucksacks und deshalb nicht so leicht über Bord zu werfen sind.

Ethnozentrismus und Fremdheit: Vom gesunden Selbstvertrauen der Einheimischen?

„Mir sen mir" („Wir sind wir") heißt es im Schwäbischen, und von den badischen Nachbarn lauten entsprechende Autoaufkleber: „Es gibt badische und unsympathische". Diese kulturelle Selbstüberschätzung ist nicht typisch für Badener oder Schwaben, sondern konstitutiv für alle Kulturen. Man kann sie auch in anderen Weltgegenden finden, wo sich die Angehörigen eines Kulturkreises exklusiv als „Menschen" bezeichnen: „Bantu" (Zentralafrika), „Inuit" (Nordamerika), „Kanake" (Polynesien).

Ethnozentrismus zu leugnen ist sinnlos, weil er tief in allen Menschen verwurzelt ist. Er gibt jedem Menschen das Gefühl, einer einzigartigen Kultur anzugehören, die besser ist als alle anderen. Wahrscheinlich ist er ein wichtiger Teil von „Heimat" und der Sehnsucht nach „Würde". Und so lange er sich witzig oder selbstkritisch äußert, kann er auch keinen Schaden anrichten. Problematisch wird er dann, wenn er als exklusives Recht einer kulturellen Gruppe verstanden wird, die sich fundamentalistisch legitimiert fühlt.

Ethnozentrismus kommt nicht ohne die Figur des „Fremden" als Gegenpol zum Einheimischen, dem Eingeborenen, aus. Wir haben zumeist den Fremden als den Zugereisten, den Touristen, den Saisonarbeiter aus Osteuropa beim Spargelstechen oder als Durchreisenden vor Augen, die alle Angst machen, aber auch faszinierend sein können. Die wissenschaftliche Debatte hebt aber zunehmend darauf ab, dass der Fremde ein individuelles Konstrukt von jedem von uns sei und Fremdheit also vor allem in uns selbst stattfinde. Zur Entstehung dieses individuellen Konstrukts beizutragen muss jedoch als Teil des Bildungsauftrages von Schule verstanden werden. Es ist deshalb hilfreich, wenn wir die dabei unterlegten, psychologischen Mechanismen zitieren.

Ist das Fremde in mir vielleicht stärker als die Fremden um mich herum?

MECHERIL (MECHERIL 2004, 181) unterscheidet fünf psychologische Erklärungsansätze für Fremdenfeindlichkeit:

- Ethologisch: Abwehr des Fremden als anthropologische Erfordernis.
- Psychoanalytisch: Abwehr des Fremden als Abwehr projizierter Aspekte des Eigenen.
- Gruppenpsychologisch: Benachteiligung der Mitglieder fremder Gruppen bei gleichzeitiger Bevorzugung der Mitglieder der Eigengruppe.
- Einstellungspsychologisch: Abwehr des Fremden aufgrund von auf Wahrnehmungsverzerrungen oder Generalisierungen beruhenden Vorurteilen.
- Persönlichkeitspsychologisch: Abwehr des Fremden als Resultat der Wirkung tiefer liegender Persönlichkeitsstrukturen.

Was folgt daraus für Interkulturelles Lernen in der Grundschule?
- Der ethologische Ansatz lässt für schulisches Lernen keinerlei Spielraum erkennen, denn er geht davon aus, dass das schon bei manchen Kleinkindern erkennbare „Fremdeln" zur biologischen Ausstattung des Menschen gehöre und damit unveränderbar sei, wie EIBL-EIBELSFELDT meinte.
- Anders beim psychoanalytischen Ansatz. Hier kann man durch positiven Umgang mit Kindern helfen, deren tiefenpsychologische Verletzungen nicht noch weiter zu vertiefen, sodass fremdenfeindliche Projektionen reduziert werden.

„Fremdeln" von Kindern hängt doch mit der Angst der Eltern vor Fremden zusammen?

- Mitgliedschaft in Gruppen ist eine soziale Konstante, die davon lebt, dass man dazugehört. So weit, so gut. Problematisch wird dieser Gruppenprozess erst dann, wenn er davon lebt, diejenigen automatisch zu stigmatisieren oder zu bedrohen, die nicht zur eigenen Gruppe gehören. Soziales Lernen in der Schule ist als Teil dieses Aufklärungsprozesses in Grundschulen schon lange bekannt.
- Die Veränderung von Einstellungen und Wahrnehmungsmustern kann wohl in der Schule immer wieder thematisiert werden. Pädagogische Grenzen liegen da, wo diese Verfestigungen für das Individuum einen Gewinn an – wenn auch verlogener – Sicherheit mit sich bringen. Auch hier gilt es wie beim psychoanalytischen Ansatz, dass man den Schwachen assistiert, durch positive Erfahrungen stärker und sicherer zu werden.

Eine Frage ist noch offengeblieben: Handelt es sich um „Fremdenfeindlichkeit" oder um „Rassismus"? Wir denken, dass es sich um Rassismus handelt, denn „Fremdenfeindlichkeit" kommt nicht gegenüber allen Fremden zum Ausdruck: Der wohlsituierte Urlauber aus Schweden oder der Geschäftsreisende aus den USA aktiviert bei vielen keine fremdenfeindlichen Reaktionen. Rassistische Mechanismen nehmen die natürlichen Unterschiede wie etwa die Pigmentierung der Haut eines Menschen als Vorwand, um ganze Menschengruppen wie die Schwarzafrikaner zu diskriminieren. Dies ist wiederum Teil des „historischen Rucksacks", der aus der Kolonialgeschichte stammt.

Wir verfolgen diese Spur der verschiedenen Rassismen hier nicht weiter, weil wir davon ausgehen, dass der ethologische Ansatz weitgehend widerlegt ist und Grundschulkinder in aller Regel keine Rassisten sind. Stattdessen reagieren sie neugierig auf Unterschiede, ganz so wie es uns immer wieder in westafrikanischen Schulklassen passiert, wo Kinder sehr gerne unsere andersfarbigen Hände berühren und streicheln.

Fundamentalismus: „Krieg der Kulturen"?

Auch Fundamentalismus gehört zu den Universalien menschlicher und damit kultureller Entwicklung. Wir unterscheiden ihn vom Ethnozentrismus, weil er wegen seines Gefährdungspotenzials in unserer Zeit eine besondere Bedeutung hat. Vielen Menschen macht er Angst. Fundamentalistisches Denken hält die eigene Position für absolut richtig und deshalb für unverrückbar. Sie muss notfalls auch mit Gewalt, sanktioniert als „Heiliger Krieg" gegenüber jeglicher Veränderung verteidigt werden. Fundamentalismus kennt keine Toleranz.

Wo liegt die Grenze zwischen „Identität" und „Fundamentalismus"?

1913 wurde er zum ersten Mal in den USA von Pietisten formuliert, wonach jedes Wort der Bibel als der Heiligen Schrift ohne jegliche Veränderung oder gar historisierende Kontextualisierung gelte – Theologie als Wissenschaft war hier nicht nur überflüssig geworden, sondern hatte einen Sündenfall begangen (Meyer 1991).

Jenseits religiöser Fundamentalismen bedienen sich ängstliche Menschen vielfältiger Ideologien, um Unsicherheiten zu reduzieren. Von Adorno wurden sie als „autoritäre Charaktere" bezeichnet, die keine Autorität ausstrahlen, sondern dieselbe maßlos reklamieren, ganz nach dem Stammtischmotto: „Hitler wollen wir keinen mehr. Aber so ein kleiner Hitler, für drei Wochen, das wäre schon gut, denn der würde mit allem ‚Gesocke' aufräumen." Wir teilen die Position von Omid Nouripour, einem muslimischen Bundestagsabgeordneten:

Der gesellschaftliche Graben verläuft nicht zwischen Religionen, sondern zwischen Demokraten und militanten Radikalen aller Couleur. Der Islamist, der Nazi und der Islamhasser haben mehr miteinander gemein als der Islamist und der Demokrat muslimischen Glaubens. (Nouripour 2011)

Was uns an dieser Position für Interkulturelles Lernen in der Grundschule einleuchtet: Es ist überzeugender, sich um alltägliche, demokratische Schulpraxis zu kümmern, die den anderen, unabhängig von seiner Herkunft, als gleichberechtigt ernst nimmt.

Kultur als Orientierungshilfe?

Das Informationsvolumen, das ein heutiger Mensch an einem einzigen Tag aufnimmt, ist wahrscheinlich größer als alles, was Landbewohner vor einigen Jahrhunderten in ihrem Leben kennenlernten. In einer Tageszeitung stehen mehr Fakten als ein Mensch des 18. Jahrhunderts bis zu seinem Tod erfuhr, und auf der Fifth Avenue in New York, auf den Champs-Elysées in Paris oder auf der Shiyuba-Kreuzung in Tokio sieht man an einem gewöhnlichen Mittag mehr Menschen, als unsere Vorfahren je zu Gesicht bekamen.

Das Tosen der Fakten um uns herum wird durch Entertainment geschickt und kommerziell kanalisiert oder ausgeblendet und im Cyberspace eröffnen sich noch einmal neue Möglichkeiten, sich zu informieren oder in Chatrooms und Games gleich neu zu erfinden. Eine der Konsequenzen dieses explosiven Anstiegs von Information und Entertainment ist das kognitive Hintergrundrauschen einer hoch technisierten Zivilisation auf das Leben von Primaten, die nicht dafür evolviert sind und die diese Entwicklung innerhalb weniger Generationen physisch und psychisch unvorbereitet trifft – uns selbst.

(Blom 2011)

„Kultur" hatte die Funktion, derlei Unübersichtlichkeiten zu reduzieren, auf den Begriff zu bringen, indem sie einen Sinnrahmen stiftete, der so weit akzeptiert wurde, dass er eine Gesellschaft konstituierte. „Schule" war eine der Agenturen, der als eine der zentralen Funktionen „Enkulturation" vorgeschrieben wurde, was nicht nur die zuverlässige Einübung in Kulturtechniken meinte, sondern auch die Vermittlung eines festen, für alle und immer gültigen Tugendkatalogs. Verbunden war damit immer auch eine Legitimation der jeweils aktuellen Herrschaft, ganz nach dem Motto von KARL MARX: „Die herrschenden Gedanken sind die Gedanken der Herrschenden."

Dies geht heute so nicht mehr

- Es gibt keine Nationalkultur mehr, die den nationalen Zusammenhalt aller Deutschen garantieren könnte.
- Es gibt keine „Hoch"-Kultur mehr, die durch ihre Werke beansprucht, wegweisend für alle zu sein.
- Wollte eine oberste Ethik-Kommission versuchen, einen allgemein gültigen Tugendkatalog durchzusetzen, sie würde scheitern.
- Kulturelle Einheit als Befriedung ethnischer Differenzen war in Deutschland angesichts seiner kulturellen Vielfalt schon immer ein Problem, heute noch immer ablesbar an der Bildungshoheit der Bundesländer.

Gibt es also keine deutsche Kultur mehr, oder hat es die überhaupt nie gegeben?

Wir trauern diesem Verlust kultureller Eindeutigkeit nicht nach, denn dieser traditionelle, statische Begriff von „Kultur" diente auch zur Legitimation von Unkultur und Gewalt. Deren Nachwehen, etwa in der zur Zeit immer noch im Schwange befindlichen, öffentlichen Inszenierung von Hochzeiten von Adligen, ist für uns nicht nur lächerlich, sondern auch ärgerlich, weil sie den Menschen ein überkommenes Modell von Herrschaft mediengerecht schmackhaft macht.

Ist nach dem Verlust kultureller Eindeutigkeit also alles beliebig und Schule deshalb heutzutage ohne jegliches kulturelles Fundament? Nein.

Denn dies geht heute immer noch

- Es gibt den „Verfassungspatriotismus" (HABERMAS), der trotz der kulturellen Unterschiede die demokratischen Grundrechte als allgemeingültig postuliert.
- Es gibt die universell gültige Deklaration der Kinder- und Menschenrechte.
- Europa würde es guttun, wenn wir weiter auf unserem friedlichen Weg vorankommen würden, weg von fürchterlichen Kriegen hin zu tolerantem Umgang mit kultureller Vielfalt.
- Kulturelle Vielfalt ist für manche Menschen bedrohlich, für viele, vor allem jüngere, aber auch faszinierend.
- Kulturelle Vielfalt kann dort von Vorteil sein, wo durch vielfältige, kulturelle Kompetenzen auch transkulturelle Migrationsgewinner entstehen, wo man seinen Migrationshintergrund nicht mehr schamhaft verschweigen muss, sondern als Teil einer neuen, kulturellen Hybrid-Identität wertzuschätzen gelernt hat.
- Dabei sollte nicht vergessen werden, dass das Bedürfnis, dazuzugehören, gerade angesichts dieser neuen Unübersichtlichkeiten auch weiterhin wichtig und berechtigt ist.

Ist der „türkische Schwabe" mehr Türke oder mehr Schwabe?

Was hat dies alles mit Interkulturellem Lernen zu tun? Grundschulen sind einer der wenigen Orte in unserer Gesellschaft, wo sich alle Kinder in ihrer kulturellen Vielfalt treffen. Grundschulen sollten deshalb ein Ort sein, wo

- Schulkultur als offener Prozess verstanden und praktiziert wird,
- friedlicher und produktiver Umgang mit kultureller Vielfalt eingeübt wird,
- Werteerziehung nicht präskriptiv, sondern durch praktisches Handeln geschieht, indem Toleranz und Zivilcourage, verbunden mit der Achtung vor der Würde eines jeden Einzelnen, auch und gerade des anderen spürbar werden. (Wir haben die aktuelle Debatte um die Inklusion von Körper- und Lernbehinderten hier nicht mit aufgenommen. Wir gehen jedoch davon aus, dass die hier entwickelten Prinzipien und Methoden auch bei der Inklusion vielfältiger Lernmodi aufgrund von Behinderungen gelten.)

… und zukünftig, zwischen Hinterwäldlern und transkulturellen Nomaden?

Wohin wird die zunehmende kulturelle Vielfalt bei uns führen, in ein multikulturelles Tohuwabohu oder in ein wohlabgeschottetes Hinterwäldlertum?

Wir halten folgende Entwicklungen für wahrscheinlich (oder sind dies nur unsere eigenen Ängste und Hoffnungen?).

Weshalb gibt es für den Begriff „Heimat" keine Pluralform?

- Weiterhin wird es die Lebensperspektive geben von als „Heimat als Traum der Reinheit, in dem jedes Ding seinen rechtmäßigen Platz innehat". (BAUMANN zitiert von BOLSCHO 2010, 107) Die meisten Menschen aus der sozialen Gruppe, die ihre kulturelle Eindeutigkeit für sich reklamiert, kommen aus bildungsfernen Schichten, mit und ohne „Migrationshintergrund", wie man heute noch sagt. Diese sozialen Gruppen müssen für diese kulturelle Eindeutigkeit sowohl soziokulturell als auch sozioökonomisch den hohen Preis ständiger Verunsicherung bezahlen.
- Wachsen wird dagegen die soziale Gruppe, für die kulturelle Vielfalt nicht bedrohlich ist, sondern die von ihr profitiert, sei es auf dem weltweiten Arbeitsmarkt, sei es in internationalen Organisationen, die weltweiten Frieden zwischen den Völkern, aber auch mit der Natur, vorantreiben. Die überwiegende Mehrzahl wird aus bildungsnahen Schichten kommen, „Migrationshintergrund" wird sich nicht mehr als Stigma eignen. Vielmehr werden mehrsprachige, „bildungserfolgreiche Migranten" (SIEVERS 2010) zur kulturellen und sozioökonomischen Avantgarde der transkulturellen Nomaden werden. Ein Widerspruch in sich? Bisher schon, denn Nomaden haben immer darauf geachtet, trotz ihrer Mobilität auf der Suche nach besseren Weidegründen nicht die Grenzen ethnischer Zugehörigkeit zu verlassen. Transkulturelle Nomaden werden jedoch bei ihrer Suche nach Arbeit, Kontakten und nach Lebensqualität die kulturelle Einfalt der Hinterwäldler zugunsten der Lust an Vielfalt zurückdrängen. Sie werden vielsprachig sein, neu-„gierig", kompetent im Umgang mit Komplexität, und – wenn es ganz gutgeht – sich für mehr Gerechtigkeit in dieser Welt engagieren.

1.7 Didaktik Interkulturellen Lernens – Aus der Sicht einer Lehrperson

Wer von uns mag sich diesen hohen Bildungsansprüchen bewusst aussetzen? Einerseits haben wir laut Bildungsplan keine Alternative, und es wird uns bewusst, dass wir trotz „Neutralität" des Unterrichts als Vorbilder fungieren und für viele Kinder als authentische Gesprächspartner gesucht werden. Andererseits vermuten wir, dass Unterrichten professionell, also befriedigend und nachhaltig für den Kräftehaushalt am besten gelingt, wenn sich die Lehrperson für mehrere didaktische Konzepte entscheidet. Sie dienen als „Geländer" für die Unterrichtsplanung, für knifflige Situationen, für profilierte Argumente nach außen und innen.

Interkulturelles Lernen als Leitkonzept bedeutet für die Lehrperson:

- Ihre Haltung ist eine pädagogische, anthropologisch-pädagogische.
- Sie kennt Herkunft, Themen und Lebensbereiche, die für ihre Kindern wichtig und interessant sind.
- Sie geht davon aus, dass Kinder lernen wollen und neugierig sind und
- Sie weiß, dass sich individuelle und interkulturelle Blockaden lösen lassen.
- Sie ist davon überzeugt, dass auch schon Grundschulkinder Lust auf intellektuelle Durchdringung haben und fähig zur Differenzierung von verurteilenden Phrasen und Floskeln sind.
- Sie bevorzugt Vielfalt statt unangemessener Klarheit und mag innovative Situationen mit Gestaltungsmöglichkeiten. Dies vermittelt sie nicht nur den Kindern, sondern auch den Eltern.
- Sie bezieht Kraft daraus, jedes Kind mit seiner individuellen Lebensgeschichte und -aufgabe begleiten zu dürfen.

Gelten diese Prinzipien nicht für jeden (guten) Unterricht?

> Der Schulleiter der Kuppelnauschule in Ravensburg sagte zu mir eines Tages, als ich ihn auf die kulturelle Vielfalt in seiner Grund- und Hauptschule ansprach: „Wissen Sie, wir haben 15 verschiedene Muttersprachen in unserer Schule. Damit sind wir um vieles reicher an Muttersprachen als jedes Gymnasium." Er machte aus dieser Schule eine offene Schule, die auch informellen Treffen, etwa von multikulturellen Frauentreffs, offenstand.

Methodenmix

Die Lehrperson

- bietet viele handlungsorientierte Arbeits- und Sozialformen an, wie z. B. Partner- und Gruppenaufgaben mit Präsentation, Experimente, Rollenspiele, Exkursionen und Ausflüge bzw. Erkundungsprojekte, Einladungen an Experten, die von ihren Reisen oder von ihren Herkunftsländern erzählen können, Gestaltungsprojekte (z. B. Schulgarten, Brotbackofen, Bewegungsraum konzipieren und gestalten, Tipi aufbauen), Projekte und Ausstellungen, Schüler-Experten als „Schüler-Lehrer" bzw. „Schülerarbeitsstunden", Pflege der Schülermitverwaltung, inklusive der gemeinsamen Vorbereitung von Elternabenden, Schulfesten, regionalen Präsentationen und Aufführungen wie Tänze und Musik aus verschiedenen Kulturen. Die Angst vor Exotismen, einer Sonderform von Vorurteilen, kann sich dabei in Grenzen halten, weil die Kinder selbst dabei aktiv werden und sich damit ihr eigenes Bild bauen.

- respektiert bei der Themenwahl die – lebensnahen – Interessen der Kinder. Das kann dazu führen, dass nicht alle Unterthemen eines Themas berücksichtigt werden und stattdessen etwas ganz „Fremdes" integriert werden muss etwa beim Großprojekt „Schulgarten": Die Unterthemen „Feldvermessung/Mathematik" oder „Heilkräuter" interessieren niemanden, stattdessen muss zusätzlich ein Tomatenhaus gebaut werden, denn selbst angebaute Tomaten sind um vieles schmackhafter als die im Supermarkt gekauften.

Soziales Miteinander
Die Lehrperson
- weiß, dass nicht jeder Konflikt zwischen Kindern verschiedener Herkunft ein interkultureller ist. Entsprechend bemüht sie zuerst klassische Streitschlichtungsstrategien.
- kennt die verschiedenen Formen von Gewalt (die „strukturelle Gewalt" der Schule als Organisation in Form von Regeln und Hierarchien, und die personale Gewalt (Mobbing) als psychische, physische und verbale). Sie ist deshalb eher wachsam und interveniert manchmal auch etwas schneller, als einfach abzuwarten.
- kennt die aktuellen kulturellen Weltkonflikte, die schulintern nur mit Gewaltverzicht und klaren Stopp-Regeln ruhiggestellt, aber nicht gelöst werden können: Wenn z. B. Serben und Kosovaren ihre historischen, kulturellen und politischen Konflikte als ihren „historischen Rucksack" in die Schule und ihre Klasse mitbringen, sollte sie angemessen darauf reagieren können. Schule beansprucht deshalb auch, zum Schutz der Kinder ein neutraler Raum zu sein.
- weiß um die Gefahr von zu viel Interkulturellem Lernen, das zu Stigmatisierung und Abwehrreaktionen führen kann: „Deine Eltern stammen doch aus der Türkei, kannst du uns nächste Woche etwas über eure Religion erzählen?" Kinder sind Unterrichtssubjekte, sie dürfen nicht zum Unterrichtsgegenstand gemacht werden.

Wahl interkultureller Themen
Die Lehrperson
- bietet auch Themen an, möglichst situationsbezogen, die Anregungen zur bewussten Auseinandersetzung mit unbewusst transportierten, sozialisierten Befindlichkeiten sind. Folgende Kriterien können dabei helfen: ein Blick auf Gemeinsames und Trennendes, Neues nicht nur als Bedrohung, sondern auch als Chance zu begreifen, die Bedeutung von

Symbolen kennen, Missverständnissen vorbeugen, indem man Unterschiede schon durch Körpersprache erkennt. (Fuoss-Bühler et al. 2011)
- greift auf verschiedenste Medienquellen zurück, gerne auch auf „Experten". Damit betreibt sie eine Öffnung und regionale Einbindung der Schule zu ihrem Umfeld.

Professionsethik

Die Lehrperson

- bereitet sich vor dem Schuljahr auf die Kinder vor, indem sie Grundwissen zu den verschiedenen Ethnien, Kulturen und Religionen erwirbt. Sie bereitet sich auch auf die Klasse vor, indem sie soziokulturelle Faktoren wie Bildungsnähe bzw. Bildungsferne aller Kinder erkundet – denn sie weiß, dass diese Faktoren oft für den Schulerfolg wichtiger sind als alle Bemühungen der Schule.
- macht sich auf den Weg zu Eltern mit Migrationshintergrund, die ihre Muttersprache zu Hause noch praktizieren. Sie sucht dabei Maßnahmen, die kulturelle „Türöffner" für die Eltern sein können, angefangen mit dem „Tee trinken" bei türkischen Eltern oder das Einbinden von Native-Eltern in eine russische, spanische oder chinesische Fremdsprachen-AG. Viel gewonnen wäre, wenn die Neudazugekommenen auch in die Elternratsarbeit miteinbezogen würden.
- gibt neuen Kollegen mit vielfältigen Wurzeln eine faire Chance, um ihre interkulturellen Kompetenzen für die gesamte Schule fruchtbar zu machen. Sie sollten jedoch nicht auf ihre vorhandene Interkulturalität beschränkt werden, sondern ihren Job wie alle anderen auch machen. Nur bei einer interkulturellen Konfliktbearbeitung sollten sie mit ihrem kulturellen Zusatzwissen mit herangezogen werden.
- weiß, dass ihr interkulturelles Konzept nicht von allen Kolleginnen und Kollegen verstanden und unterstützt wird, dass wer sich klar positioniert, auch um Verständigung bemühend kommunizieren und mit Dissonanzen leben lernen muss.
- weiß, dass den Eltern der schulische Bildungsauftrag unermüdlich erklärt werden muss, der neben der notwendigen Wissensvermittlung auch Zeit für die Persönlichkeits- und Kompetenzentwicklung vorsieht.

Und dies bedarf im interkulturellen Bereich zusätzlicher Anstrengungen, ist aber langfristig sehr lohnend!

Wo kommt die Zeit und die Kraft her, um diese Ideen zu verwirklichen?

1.8 Zweisprachigkeit in der Grundschule

Zeynep Kalkavan

Um von Zweisprachigkeit reden zu können, bedarf es einer begrifflichen Unterscheidung zwischen den unterschiedlichen „Typen" der Zweisprachigkeit. In der Spracherwerbsforschung wird zunächst allgemein zwischen der balancierten Zweisprachigkeit, der Zweisprachigkeit mit einer dominanten Sprache und der Halbsprachigkeit (Semilingualismus) unterschieden (AHRENHOLZ 2010, APELTAUER 2001, REHBEIN 2010b).

Die Unterteilung des Zweitsprach- erwerbs in Altersphasen Die Arbeit mit Kindern und Jugendlichen mit Deutsch als Zweitsprache – sei es in der Schule oder in der Freizeit – gibt einen aufschlussreichen Einblick in individuelle Lernbiografien, folglich auch in die heterogenen Entwicklungsformen der Zweisprachigkeit. Es wäre also fatal, die unterschiedlichen Zweitsprachenlerner gleichzusetzen und von einem allgemeinen Zweitspracherwerb auszugehen. Die Erwerbsbedingungen unterliegen einerseits sowohl der individuellen emotiven, kognitiven, sensorischen und neurologischen Entwicklung als auch den äußeren sozialen Einflüssen (APELTAUER 2001).

Grob könnte man zunächst den Zweitspracherwerb von Kindern und Erwachsenen unterscheiden. Da bis zur Pubertät neuronale und psychische Entwicklungen noch nicht abgeschlossen sind, muss der Zweitspracherwerb bei Kindern in engere Altersphasen eingeteilt werden. AHRENHOLZ (2010) ergänzt die von EHLICH (2005) vorgeschlagenen drei Phasen im Alter bis drei, drei bis sechs, sechs bis zwölf, indem er die letzte Altersgruppe in sechs bis acht Jahre und acht bis zwölf Jahre unterteilt.

Zehn Typen des Erwerbs von Zweisprachigkeit

REHBEIN und GRIESSHABER (1996) haben bereits in den 1990er Jahren zehn unterschiedliche Typen des Erwerbs von Zweisprachigkeit unterschieden (REHBEIN/GRIESSHABER 1996). Ausgehend von der Familiensprache (F-Sprache) und der Sprache der Institution(en) (I-Sprache), differenzieren sie zehn Spracherwerbstypen, die ich im Folgenden skizziere (Anmerkung: Die Abkürzung L1 bezeichnet die Erstsprache, L2 hingegen die Zweitsprache):

> ## Zehn Typen des Erwerbs von Zweisprachigkeit
>
> 1. Frühe Zweisprachigkeit (simultaner Erwerb mehrerer Sprachen): L1 und L2 fungieren als zwei Muttersprachen, dabei werden beide von den Familiensprachen F her erworben.
> 2. Sukzessiver Bilingualismus: Erwerb von L2 zeitlich nach L1 (etwa vom dritten bis zum zwölften Lebensjahr); genau genommen ist L2 zumeist keine Familiensprache, sondern wird im Kindergarten oder in der Schule erworben.
> 3. Später, sukzessiver Bilingualismus beim Jugendlichen.
> 4. Transitorischer Bilingualismus: Wechsel von L1 auf L2 als Muttersprache.
> 5. Zweitspracherwerb beim Erwachsenen: L2 wird in der Sprachpraxis als I-Sprache ohne den Besuch von Sprachunterricht gelernt.
> 6. Erwerb von L2 im Zweitsprachunterricht, ohne muttersprachlichen Unterricht.
> 7. Erwerb von L1 und L2 im bilingualen Unterricht.
> 8. Erwerb von L2 im Fremdsprachenunterricht.
> 9. Zweitspracherwerb II: L2 wird beim Besuch von Sprachunterricht gelernt und auch sprachpraktisch in den gesellschaftlichen Institutionen verwendet.
> 10. Werden bei Mehrsprachigkeit in verschiedenen gesellschaftlichen Institutionen einschließlich des Sprachunterrichts dieselbe Vielzahl von Sprachen F in der Familie gesprochen, ergeben sich gute Bedingungen für eine von den Individuen getragene Mehrsprachigkeit im Sinne mehrerer L1.
>
> (REHBEIN/GRIESSHABER 1996)

In Bezug auf diese Spracherwerbstypen zieht ÖZDIL (2010) ferner die veränderten Umstände der zweiten und dritten Einwanderergeneration in Betracht und kommt zu dem Schluss, dass sich diese insofern auf den Spracherwerb auswirken, da sich die „türkische Sprachtradierung in Deutschland [...] überwiegend auf die orale Tradierung, was unter dem Einfluss des Kontakts mit dem Deutschen einen verstärkten Sprachwandel des Türkischen zu Folge hat, [stützt]" (ÖZDIL 2010, 32). Er betont mithin die in den Familien gegebene „Variabilität des Türkischen" (ÖZDIL 2010, 32), da diese keinen institutionellen sprachlichen Handlungen unterliegt.

Geht man davon aus, dass Kinder bereits ab dem dritten/vierten Lebensalter zur Erstsprache eine zweite Sprache erlernen, so spricht man von einer frühen Zweisprachigkeit (AHRENHOLZ 2010). Insbesondere in diesen Altersstufen spielt das soziale, familiäre Umfeld eine entscheidende Rolle. Durch einen intensiven Input, persönliche Motivation und weitere günstige Erwerbsbedingungen kann der Zweitspracherwerb durchaus sehr erfolgreich sein bzw. sich positiv weiterentwickeln. Eine Polarisierung beider Sprachen zeigt sich demzufolge, wenn sich die Förderung bzw. der Input nicht erfolgreich vollzieht und im schlimmsten Fall auch die Erstsprache nicht ausgebaut wird (REHBEIN/GRIESSHABER 1996).

Unterscheidung von Zweitspracherwerbstypen unter Berücksichtigung des gesteuerten und ungesteuerten Zweitspracherwerbs

Bereits vor 25 Jahren konstatierte BAUR (1986) diesbezüglich das Ineinandergreifen des gesteuerten und ungesteuerten Zweitspracherwerbs durch die schulische Sozialisation. Da zum Zeitpunkt des Zweitspracherwerbs in der Regel die erstsprachlichen Kompetenzen nicht vollständig erworben sind, geht BAUR (1986) ferner von einem Ineinandergreifen erst- und zweitsprachlicher Kompetenzen aus. Der sogenannte ungesteuerte Zweitsprachenerwerb vollzieht sich folglich in Kommunikationssituationen. Im zweiten Fall, dem gesteuerten Zweitspracherwerb, werden die Spracherwerbsprozesse von Lehr- und Lernsituationen beeinflusst. Durch einen zusätzlichen „Förderunterricht" in Deutsch als Zweitsprache kann der Zweitspracherwerb darüber hinaus zunehmend gesteuert werden.

In welcher Sprache bilinguale Kinder denken und arbeiten

Greifen zwei- und mehrsprachige Kinder und Jugendliche in unterrichtlichen Zusammenhängen auf ihre erstsprachlichen Kompetenzen zurück? Die Frage impliziert, in welcher Sprache diese Kinder in praxi denken und arbeiten. In Deutsch oder in ihrer „Erstsprache"?

Mehrsprachige Kinder greifen in unterschiedlichen Situationen auf alle Sprachen, die sie beherrschen, zurück.

Insbesondere in kooperativen Problemlöseaufgaben greifen zwei- bzw. mehrsprachige Kinder zum Teil noch häufig auf erstsprachliche Fähigkeiten zurück. In der Sprachlehrforschung unterscheiden GRIESSHABER, ÖZEL und REHBEIN (1996) in dieser Beziehung zwischen Denk- und Arbeitssprache im Unterrichtsdiskurs. Für den mehrsprachigen Unterrichtskontext bedeutet dies, die Erst- bzw. Zweitsprache einzusetzen und anzuwenden, um sich selbst und anderen Sachverhalte verständlich zu machen. REHBEIN (2010a) bezeichnet diesen Umstand als das „Verstehen und Verständlichmachen komplexer Inhalte" (REHBEIN 2010a, 28). Unterschieden werden dabei verschiedene Absichten, die jeweiligen Sprachen einzusetzen:

Arbeits- und Denksprache bei mehrsprachigen Kindern

a) zum Zwecke der Organisation und Kooperation (im jeweiligen Arbeitskontext)

b) zum Zwecke der sprachlichen Repräsentanz von Aufgaben und Lösungsansätzen (auch hier bleibt die Erstsprache häufig die Basissprache)

c) zum Zwecke der sprachlichen Repräsentanz von einzelnen bearbeiteten Objekten bzgl. der Aufgabenstellung.

Aus ihrem unterrichtspraktischen Forschungsprojekt ziehen GRIESSHABER, ÖZEL und REHBEIN (1996) den Rückschluss, dass während der Arbeitsphase „die deutschen Elemente [...] also zu einer Sprache [gehören], über die gesprochen, aber nicht zu einer, in der gearbeitet wird; sie sind nicht eigens (vom jeweiligen Sprecher) geplant und formuliert" (GRIESSHABER/ÖZEL/ REHBEIN 1996, 13).

Griesshaber, Özel und Rehbein (1996) fordern im Weiteren in Anlehnung an die Unterscheidung der interaktionalen Fähigkeiten (BICS) von den akademischen Fähigkeiten (Calp) nach Cummins (1982) eine Verzahnung dieser beiden Kompetenzbereiche, da die Ausbildung der Erstsprache für den Ausbau akademischer Fähigkeiten in der Zweitsprache von großer Relevanz ist (Griesshaber/Özel/Rehbein 1996). Insbesondere schriftsprachliche Kompetenzen erfordern im Vergleich zu dieser kommunikativen Unterrichtseinheit ein hohes Maß an Sprachreflexion. Eine grammatisch ausgebaute Erstsprache würde beispielsweise komplexe schriftsprachliche Textproduktionen bei zweisprachigen Kindern unterstützen, da sie bereits erworbenes Wissen in ihrer Erstsprache einsetzen und anwenden könnten (Griesshaber 2010; Hoffmann 2010).

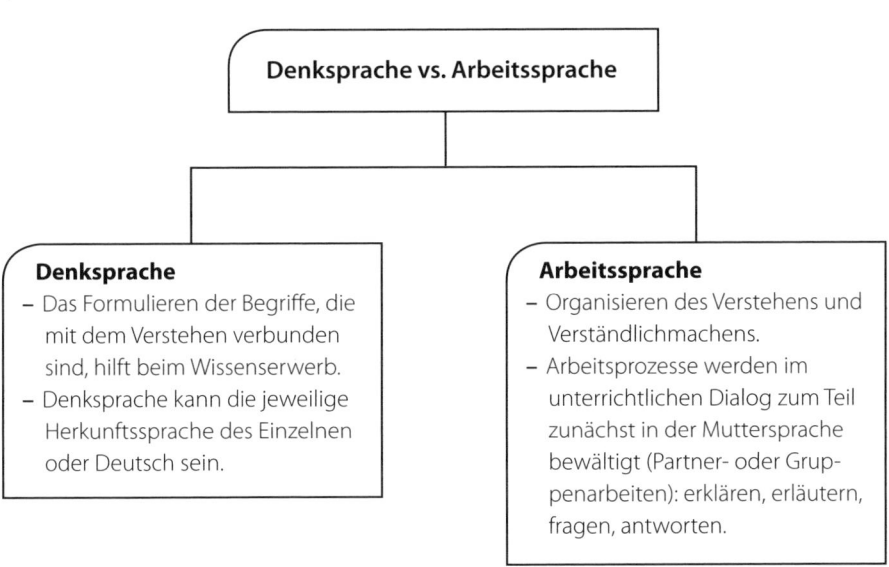

Unterteilung in Denk- und Arbeitssprache (nach Griesshaber/Rehbein 1996; Rehbein 2010a)

Beispiel aus einem dritten Schuljahr

Im Mathematikunterricht eines dritten Schuljahres beobachtete ich zwei Schülerinnen mit Russisch als Erstsprache, die eine rege Unterhaltung führten. Eine dieser beiden Schülerinnen zeigte Lernschwächen und hatte zu diesem Zeitpunkt Schwierigkeiten, die schriftliche Subtraktion mit Stellenübergang anzuwenden.

Während einer Arbeitsphase gab ich einzelnen Kindern Hilfestellungen, als die Kinder selbstständig Aufgaben lösten. Dabei erkannte ich, dass Schülerin V. vehement versuchte, ihrer Tischnachbarin die Stellenüberschreitung bei der schriftlichen Subtraktion in russischer Sprache zu erklären. Als ich nach einer kurzen Pause fragte, ob ich mit Schülerin A. die Aufgaben gemeinsam lösen sollte, schüttelte diese den Kopf. Daraufhin antwortete ihre Tischnachbarin: „Ich erkläre ihr das eigentlich erst auf Deutsch. Aber manchmal kapiert A. das nicht. Dann erkläre ich ihr das auf Russisch."

Individuelle Lern-
erfolge durch
Sprachenvielfalt im
Klassenzimmer

Das Lächeln auf dem Gesicht der Schülerin A. spiegelte ihre Zufriedenheit und ihren Erfolg wider.

Abgesehen von der Wertschätzung der Herkunftssprache dieser beiden Schülerinnen im Klassenraum gebietet die Sachrelevanz, dass Schülerin A. die Rechenwege in jedem Falle verstehen muss, um sie auch anwenden zu können, dass diese Kinder beide bzw. alle Sprachen, die ihnen zur Verfügung stehen, auch anwenden dürfen. Wie schlimm wäre es, wenn Schülerin A. auf diesen Vorteil – in zwei Sprachen einen Unterrichtszusammenhang zu verinnerlichen und anzuwenden – verzichten müsste. Es wäre also durchaus sinnvoll, mit Kindern bzw. Jugendlichen die Zusammenhänge zu diskutieren und den Wert der Muttersprachen damit zu potenzieren, wenn man ihnen diese in „sprachhomogenen" Arbeitsgruppen bzw. für fachliche Erläuterungen erlauben und die „lehrerimplizierte" Angst vor fremdsprachlichen Gesprächen beiseiteschieben würde.

Aufgrund der Normalität dieser Unterrichtssituation, andere Sprachen einzusetzen, fühlten sich die nichtrussischsprachigen Tischnachbarn nicht gestört. Dies belegt die allgemeine Offenheit, die Kinder anderen Sprachen und Kulturen gegenüber zeigen.

Es bleibt noch anzumerken, dass Schülerin A. zunehmend große Fortschritte in Mathematik vorwies. Das Verdienst kann der Mitschülerin zugesprochen werden, die ihrer Freundin in zwei Sprachen mathematische Sachzusammenhänge erläutern und veranschaulichen konnte.

Gütekriterien für mehrsprachigen Unterricht

Berücksichtigung
von Mehrsprachig-
keit für einen
„guten" Unterricht

Nachstehend wird der Versuch unternommen, allgemeine Kriterien für „guten Unterricht" (vgl. MEYER 2003) im Hinblick auf Zwei- bzw. Mehrsprachigkeit zu reflektieren bzw. in der Tabelle im Einzelnen zu ergänzen. Dies halte ich für doppelt hilfreich: Zum einen ist damit die Anschlussfähigkeit der bilingualen Sprachdidaktik an Prinzipien der allgemeinen Didaktik möglich. Zum anderen wird meine Argumentation damit zunehmend unterrichtspraktisch.

Gütekriterien nach Meyer (2003)	Fokus: Zwei- bzw. Mehrsprachigkeit
Klare Strukturierung des Lehr-Lernprozesses	• Überprüfen der vorhandenen Lernmittel nach den Lehr-Lernbedürfnissen von Kindern mit DaZ (Wortschatz, Grammatik, Syntax)
intensive Nutzung der Lernzeit	• zwei- bzw. mehrsprachige Aufgabenstellungen/ Lernmaterialien
Stimmigkeit der Ziel-, Inhalts- und Methodenentscheidungen	• sprachkontrastives Arbeiten zur Förderung des Sprachbewusstseins (Kenntnisse aus dem HSU/ muttersprachliche Kenntnisse)
Methodenvielfalt	• interkulturelle Themen/Einbeziehen der Herkunftssprachen (Rituale etc.) (Kalkavan 2011)
intelligentes Üben	• Unterrichtsstörungen bei Nicht-Verstehen der Aufgaben vermeiden, indem mögliche sprachliche bzw. inhaltliche (z. B. kulturelle) Stolpersteine im Vorfeld aus dem Weg geräumt werden
individuelles Fördern	• besondere Berücksichtigung der sprachlichen Anforderungsfelder bei Aufgabenstellungen in Einklang mit den Methoden durch kooperativ-kommunikative Arbeitseinheiten
lernförderliches Unterrichtsklima	(→Binnendifferenzierung)
sinnstiftende Unterrichtsgespräche	• Sprachförderung nach dem Modell des Scaffolding nach Pauline Gibbons
regelmäßige Nutzung von Schüler-Feedback	• Sprachlernbiografien dokumentieren (Erst-, Zweitsprache/dominante Sprache/ Literalitätserfahrungen etc.) (Apeltauer/Senyildiz 2011)
klare Leistungserwartungen und -kontrollen	• Sprachenportfolios • Sprachenporträts (Krumm 2003)

Kriterien für „guten Unterricht" nach Meyer *(2003) unter Berücksichtigung von Zwei- bzw. Mehrsprachigkeit*

An dieser Stelle sei angemerkt, dass das sogenannte „Scaffolding-Modell" eine methodische Herangehensweise zur Sprachförderung im Unterrichtskontext bezeichnet, den Pauline Gibbons (2006) jüngst im englischsprachigen Raum in Unterrichtsprozessen eingesetzt und erprobt hat. Gibbons selbst erläutert diesen Ansatz wie folgt:

> *Wenn gleichzeitig eine neue Sprache und fachliche Inhalte durch diese Sprache vermittelt werden sollen, ist es äußerst zweckmäßig, bei der Unterrichtsplanung auf ein Sprachmodell zurückzugreifen, das Sprache auf Bedeutungen und auf den Kontext, in dem sie benutzt wird, bezieht.* (Gibbons 2006, 271)

Nach Kniffka und Siebert-Ott (2009) bedeutet Scaffolding (engl. „Baugerüst") zudem, „… dass die Sprache der Lernenden im (Regel-)Unterricht systematisch aus- und aufgebaut wird" (Kniffka/Siebert-Ott 2009, 108).

Was schließlich – unter Berücksichtigung der Gütekriterien für mehrsprachigen Unterricht – bei Meyer (2003) fehlt, heutzutage aber bei der multikulturellen Heterogenität in Grundschulklassen selbstverständlich ist, muss noch erwähnt werden: „Guter" Unterricht muss der sprachlichen Heterogenität in der Klasse Rechnung tragen.

Sprachdidaktischer Ausblick

Sprache fördern: mündlich und schriftlich

Zusammenfassend sei festgehalten, dass Zweisprachigkeit im schulischen Kontext u. a. die Differenzierung in Mündlichkeit und Schriftlichkeit erfordert (u. a. Fix 2006; Kniffka/Siebert-Ott 2009). Um die mündlichen Sprachfertigkeiten ausbauen zu können und die schriftsprachlichen Kompetenzen zweisprachiger Kinder zu fördern, bedarf es eines intensiven sprachlichen In- und Outputs in Erst- und Zweitsprache. Die Lehrer-Schüler-Interaktion spielt hier eine große Rolle, denn nur durch einen intensiven Zugang zu den einzelnen Kindern wird ein Einblick in persönliche zweisprachliche Entwicklungsprozesse möglich (Griesshaber 2010). In diesem Sinne müssen im Unterricht mediale Lerneinheiten mit sprachreflexiven Eigentätigkeiten vernetzt werden, was auch das Denken bzw. Arbeiten in der Erstsprache erfordert (Hoffmann 2010; Kalkavan 2010).

Lehrende müssen stets zwei Perspektiven im Blickfeld haben. Zum einen ist das Kind als Individuum mit all seinen Rechten sowie auch Lehr- und Lernbedürfnissen in der Klasse wahrzunehmen. Anderseits aber spricht man auch von der Klassengemeinschaft, also von einem demokratischen Zusammensein und Zusammenarbeiten, in der das WIR vornehmlich in den Vordergrund rückt. Im folgenden Schaubild wird die Dualität der Perspektiven unter Berücksichtigung didaktischer Ansätze für den Unterricht kurz gegenübergestellt.

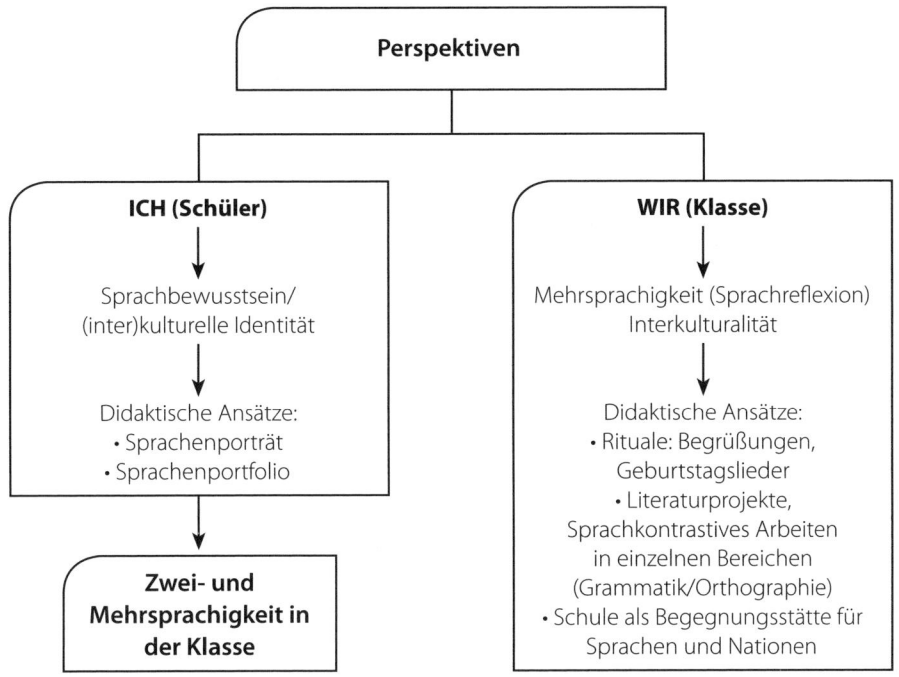

```
                    ┌─────────────────────────┐
                    │      Perspektiven       │
                    └─────────────────────────┘
```

ICH (Schüler)	WIR (Klasse)
Sprachbewusstsein/ (inter)kulturelle Identität	Mehrsprachigkeit (Sprachreflexion) Interkulturalität
Didaktische Ansätze: • Sprachenporträt • Sprachenportfolio	Didaktische Ansätze: • Rituale: Begrüßungen, Geburtstagslieder • Literaturprojekte, Sprachkontrastives Arbeiten in einzelnen Bereichen (Grammatik/Orthographie) • Schule als Begegnungsstätte für Sprachen und Nationen
Zwei- und Mehrsprachigkeit in der Klasse	

Dualität der Perspektiven des Ich und des Wir bei Zwei- und Mehrsprachigkeit von Schülern

Individuelle und gemeinsame Lernziele in Erst- und Zweitsprache

Der Herausforderung, diese Dualität im Blick zu behalten, können Lehrkräfte nicht entkommen. Sowohl unterrichtspraktisch als auch zu außerschulischen Anlässen können durch Kooperationen mit Eltern (EKINCI-KOCKS 2010), außerschulischen Organisationen und natürlich den Kindern und Jugendlichen selbst, Barrieren beseitigt werden.

Interkulturell übereinander lernen

Marwan Abado

„Der fliegende Teppich" ist ein Kindertheaterstück mit arabischer und jüdischer Musik für Menschen ab fünf Jahre und soll im Folgenden als Praxisbeispiel dienen.

DER FLIEGENDE TEPPICH
– Theaterstück mit Konzert –

Besetzung
Marwan Abado – Ud (arabische Laute), Gesang und Mundperkussion
Aliosha Biz – Violine und Gesang
Peter Rosmanith – Perkussion
Marko Simsa – Erzähler

Altersgruppe ab 5 Jahre
Spieldauer ca. 1 Stunde

2.1 „Der fliegende Teppich"

Die Geschichte des musikalischen Kindertheaters „Der fliegende Teppich" basiert auf einer einfachen Handlung: Ein Teppichhändler aus dem Libanon liefert einem österreichischen Kunden einen Teppich voller Klänge und Muster – so die Ankündigung im Werbeprospekt der Teppichfirma. Zwei Männer, die für den Libanesen arbeiten – ein Russe mit jüdischen Wurzeln und ein Österreicher vom Land (Waldviertel) liefern die Ware gerade aus. Als der Käufer sieht, dass der Teppich einfarbig ist und keine Muster hat, reagiert er sehr enttäuscht. Aus diesem Grund bittet der Teppichhändler ihn, auf dem Teppich herumzuspazieren, was unvermutet verschiedene Klänge erzeugt. Nicht die Optik des Teppichs ist also maßgeblich, sondern die Klänge, die auf ihm entstehen. Daraufhin lädt der Kaufmann den Kunden auf diesem Teppich zu einer Reise in seine Heimat ein. Auch die Kinder sollen mitkommen. Und so fliegen nun alle gemeinsam in den Libanon.

Eine Begegnung mit jüdischer, arabischer und österreichischer Musik

Von links nach rechts: Aliosha Biz (Teppichlieferant), Marko Somsa (Teppichverkäufer), Marwan Abado (Teppichhändler), Peter Rosmanith (Teppichlieferant); Foto: Marko Simsa

Informationen zu den Mitwirkenden: www.marwan-abado.net www.aliosha.biz www.triart.at Gesamt-Konzept und Rechte: www.markosimsa. at

Sie alle landen mitten in einem arabischen Bazar. Dort ruft gerade der Muezzin zum Gebet. Arabische Klänge und Kinderlieder begleiten das Ereignis. Getrocknete Früchte werden an die Kinder ausgeteilt. Und weiter geht die Reise ins Waldviertel Österreichs, wo die Luft frisch ist und die Kühe auf der Wiese weiden. Im Bauernhof entsteht ein „Gestanzl" mithilfe der anwesenden Kinder. Später im Gasthaus spielt dann die „Musi". Eine urige Polka wird dargeboten.

Nach dieser Station fliegen alle auf dem Teppich nach Russland, wo ein Hochzeitsfest stattfindet. Die russische Kälte ist deutlich zu spüren, sie wird mit dem Lied „Kalinka" vertrieben. Bei der Hochzeit fehlt plötzlich der Pfarrer, er wird durch einen Rabbi ersetzt. Nach der Zeremonie ist „Dienstschluss", und die Reise muss beendet werden.

Ziele

Die Kinder erleben bei dieser einstündigen Aufführung die Phantasie des Fliegens und Reisens als ein positives Erlebnis. Überall sind musikalische Formen und Lieder wichtiger Ausdruck verschiedener Kulturen, die jeweils von denselben Musikern und Schauspielern vorgetragen werden. Deutsch, Arabisch, Russisch und Hebräisch funktionieren miteinander in dieser Abhandlung, ohne den theatralischen Ablauf zu unterbrechen. Die „Fremden" (der Araber, der Russe) in diesem Stück beherrschen die deutsche Sprache mit Witz und Humor, ohne die eigene Muttersprache zu leugnen. Bestimmte Wörter und Bräuche werden auch dargestellt, vielen der Stadtkinder ist das Leben auf dem Land genauso fremd wie der Libanon oder Russland.

Bei allen Reisen ist „Spaß durch Musik" ein wichtiger Faktor. Die gleichwertige Darstellung der besuchten Länder vermittelt ein Gefühl, dass die Menschen verschieden, aber nicht besser oder schlechter sind. Alle Akteure des Stücks leben in Österreich. Als Migranten sind sie allerdings auch Vermittler ihrer Herkunftskulturen.

Über Musik voneinander lernen und Spaß haben

Utensilien

Das Lied zum Stück kann als Zwischenspiel zwischen den Teilen der Geschichte dienen. Um es mit den Kindern vorher gut einüben zu können, sind folgende Utensilien nötig:

- die Noten und der Text zum Lied, um das Lied auch schon bei den Proben mit einem Instrument – der Gitarre oder noch besser einer arabischen Laute, der Ud – zu begleiten

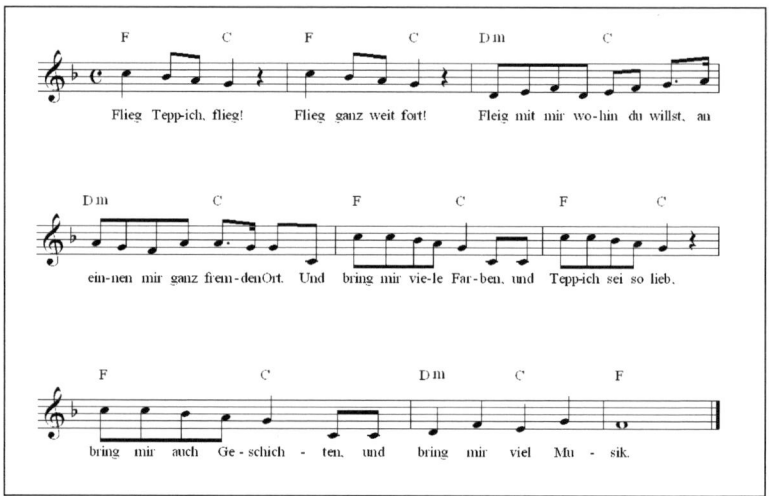

Noten und Text zu „Der fliegende Teppich"; © Marko Simsa

- ein alter Teppich (oder mehrere, eher geheimnisvoll als schön, damit die Kinder und alle sonstigen Mitwirkenden darauf zusammen Platz nehmen können

Das ganze Stück kann als Traumreise oder Aufführung an einem Elternabend oder auch für die anderen Klassen organisiert werden, was verschiedene Arrangements erfordert. In der Klasse selbst reicht es aus, wenn die Kinder bei der Erzählung der einzelnen Etappen die Augen schließen. Bei einer Aufführung sollten sie die Szenenwechsel, etwa durch je verschiedene Tücher aus den verschiedenen Kulturen, erkennbar machen.

ÜBRIGENS

„ Gute Reise!" heißt auf

Arabisch:	Rihlaa Saidaa!
Russisch:	V dobri put!
Waldviertlerisch:	A quate Reise!

2.2 TransAfrique – Eine Reise quer durch den afrikanischen Kontinent

Winfried Kändler

„Afrika ist ein Land voller armer, hungernder Menschen!" – wenn es um den afrikanischen Erdteil geht, begegnen Kindern und Jugendlichen nicht nur in Film und Fernsehen, sondern auch in Bildung und Büchern unreflektierte und stark normativierende Bilder. Generalisierungen und Dichotomisierungen führen zu einer Schieflage in der Wahrnehmung von Afrika. Geläufige Afrikabilder vermitteln den Eindruck eines ganzheitlich geschichtslosen, krisengeschüttelten Kontinents – von Kairo bis Kapstadt. Nicht überarbeitete sprachliche Relikte aus Kolonialzeiten tragen weiterhin ihren Teil dazu bei, eine differenzierte und zeitgemäße Wahrnehmung Afrikas zu verunmöglichen. Kinder und Jugendliche in Deutschland und Europa wachsen noch heute mit diesen Vorurteilen in nahezu jeder Sozialisationsinstanz auf. In der Bildungsarbeit der „êpa! – Projekt zur Erkundung der Einen Welt" – trat diese Problematik immer wieder mit solcher Vehemenz zutage, dass die ehrenamtlichen Mitarbeiter des Marburger Weltladens das Konzept von „TransAfrique" ständig weiterentwickelten und auch erprobten. „êpa!" ist in Nordbrasilien ein Ausruf der Verwunderung und bedeutet „Ups!", „Stopp – Lass uns das genauer anschauen!".

TransAfrique ist gedacht als eine Reise quer durch den afrikanischen Kontinent, bei der mithilfe von verschiedenen Bildungsmaterialien Kindern und Jugendlichen ein anderes, reflektierteres Afrikabild vermittelt werden soll.

Der Hintergrund: Die êpa!

Die êpa! – Projekt zur Erkundung der Einen Welt – wurde 1998 als eigenständige Arbeitsgruppe des Marburger Weltladens gegründet. Seit ihrer Gründung bis heute hat sie sich zu einer kompetenten Anbieterin außerschulischer Bildungsarbeit im Bereich des Globalen Lernens und der entwicklungspolitischen Bildungsarbeit entwickelt. Die êpa! möchte dabei Kinder und Jugendliche für die Fragen der „Einen Welt" interessieren und sensibilisieren. Im Sinne des interkulturellen Lernens sollen andere Sichtweisen des Lebens in der globalisierten Welt vermittelt und ein Perspektivwechsel angestoßen werden. Die in der Bildung für nachhaltige Entwicklung zusammengefassten Gestaltungskompetenzen sollen bei den Kindern und Jugendlichen gefördert werden. Ein besonderer Schwerpunkt liegt dabei in der Anleitung zum Handeln. Konkrete Optionen des politischen, sozialen und gesellschaftlichen Handelns im Sinne einer nachhaltigen und zukunftsorientierten Entwicklung sollen aufgezeigt werden. Um diese Ziele zu erreichen, bietet die êpa! zu Themen des Globalen Lernens Unterrichtseinheiten für alle Altersstufen für Kindergärten, Schulen, für die außerschulische Jugendarbeit oder andere Kinder- und Jugendgruppen sowie Fortbildungen für Lehrer und andere Multiplikatoren an. Auch die in diesem Band vorgestellte Schokoladenwerkstatt ist ein Projekt der „êpa!" (S. 83).

Die Zielgruppe

Das Projekt TransAfrique wurde für die Grundschule konzipiert. Kinder in diesem Alter sind neugierig. Sie machen erste selbstständige Schritte aus ihrer bekannten Welt heraus, sie wollen Neues erfahren, sie wollen die Welt entdecken. Auf der anderen Seite bewegen sich Kinder bereits im Grundschulalter innerhalb verschiedenster Sozialisationsinstanzen, durch die sie unterschiedlich gesellschaftlich normalisierten Bildern und Ansichten ausgesetzt sind – über das „Andere", das „Fremde". Der afrikanische Kontinent *Wie sehen „wir"* nimmt im Rahmen dieser Bilder und Wahrnehmungen nicht nur aufgrund *Afrika?* des geschichtlichen Kontextes eine Sonderstellung ein, da anhand von Afrikabildern oftmals wertende, weil ethnozentristische Dichotomien aufgemacht werden. Dieser gesellschaftlich kaum hinterfragte Konsens, der sich in Medien wie auch in Bildungsinstitutionen reproduziert, wirkt sich bereits auf die Wahrnehmung von Grundschulkindern aus. Dies erschafft eine Umwelt, in der Vorurteile, Klischees und Stereotypen begünstigt entstehen und unreflektiert als „Wahrheit" übernommen werden können.

Beide Aspekte, die Neugier der Kinder auf der einen und der gesellschaftliche Einfluss auf der anderen Seite, lassen es notwendig und möglich erscheinen, mit Grundschulkindern ein interkulturelles Projekt über afrikanische Länder durchzuführen. Einerseits können die Freude am Entdecken und die Neugier der Kinder genutzt werden, um ihnen fremde Welten näherzubringen. Andererseits kann versucht werden, in die Entwicklung von Vorurteilen einzugreifen, indem der Blick der Kinder hier speziell auf Afrika geweitet wird.

Die Ziele

Auf der Grundlage dieses doppelten Ansatzes soll das Afrikabild der Kinder differenziert werden. Es werden bewusst nur „positive Themen" angesprochen, um ein Afrikabild „fernab" der Medien darzustellen, das sich vor allem auf die „bad news" konzentriert. Ziel ist es dabei, dem defizitären

Afrikabild, dem die Kinder kontinuierlich ausgesetzt sind, (methodisch) entgegenzuwirken.

Durch die Beschränkung auf fünf Länder sollen die Kinder dazu angeregt werden, die Diversität der kontinentalen Teilperspektive (reflektierend) auf ganz Afrika projizieren zu können. Da „Afrika" als sprachliche Konstruktion oft mit einer Überbetonung von „Differenz" und „Ferne" kontextualisiert und assoziiert wird, ist darüber hinaus ein Entdecken und Verinnerlichen von Gemeinsamkeiten sowie (inhaltlicher) „Nähe" in der Zielsetzung des Projektes verankert.

Afrika ist vielfältig!

Mit handlungsorientierten und spielerischen Methoden sollen die Kinder erfahren,

- dass Afrika kein Land, sondern ein großer Kontinent ist,
- dass nicht alle Menschen in Afrika arm sind und
- dass vieles so ist wie bei uns.

Sie sollen also auf diese Weise die interkulturelle Vielfalt unseres Nachbarkontinents entdecken.

Die fünf Module des Projekts

Das Projekt TransAfrique besteht aus fünf Modulen, in denen jeweils ein Land und ein Schwerpunktthema im Mittelpunkt stehen. In **Algerien** sind es Lebenswelten und Kleidung, in **Tansania** Tiere, in **Madagaskar** das Essen, in Ghana der Kakao und im Kongo sind es Sprache und Biodiversität. Diese Module können wahlweise in einer Schulwoche (Projektwoche) oder über einen längeren Zeitraum (ein Halbjahr) behandelt werden. Es ist aber auch möglich, nur ausgewählte Module zu behandeln. Soll das Konzept in einer Projektwoche durchgeführt werden, wird jeden Tag in vier Schulstunden ein anderes Land behandelt. Wenn es jedoch für ein Halbjahr angedacht wird, so lassen sich die einzelnen Module in Abschnitte unterteilen, sodass man z. B. jede Woche zwei Schulstunden dazu verwendet.

Zu Beginn jedes Moduls reisen die Kinder gemeinsam in das jeweilige Land. Auf dem Flug werden Bilder gezeigt, und zeitgleich führt „die Stewardess" die Kinder in das Land ein. Die Bilder sollen die Informationen unterstützen und es ermöglichen, die Kinder einzubeziehen. Bei der Betrachtung der Bilder soll auch ein besonderes Augenmerk auf die Ähnlichkeiten zu dem Leben der Kinder hier, zu unseren Städten etc. gelegt werden. Am Ende des Fluges bekommen die Kinder einen Stempel des Landes in ihren Reisepass.

Im Land angekommen beschäftigen sich die Kinder mit dem jeweiligen Schwerpunktthema. Anhand von Spielen, Bastelanleitungen, Geschichten und Arbeitsblättern soll das Schwerpunktthema den Kindern zugänglich gemacht werden. Die Arbeitsblätter sollen dazu dienen, das erworbene Wissen im Unterricht zu vertiefen. Zum Abschluss der Landeseinheit fliegen die Kinder zurück und können auf dem Rückflug eine Rückmeldung zum besuchten Land und zu den einzelnen Einheiten geben.

Im Folgenden werden drei Module des Projekts detailliert beschrieben. Zu Beginn des Projekts werden in einer Einstiegsphase zwei Gruppen gebildet. Die Gruppen schreiben in drei bis fünf Minuten auf einem Zettel alle Wörter auf, die ihnen zu Afrika einfallen. Die Gruppe mit den meisten Wörtern hat gewonnen. Durch die Reflexion der gesammelten Begriffe kann eine erste Idee von Diversität bei den Kindern entstehen. Darüber hinaus können potenziell auftretende Vorurteile und Generalisierungen erstmalig hinterfragt bzw. gemeinsam bearbeitet werden.

Afrika ist mehr als Hunger, Krieg, Wüste und Tiere.

Die Zettel werden aufgehoben, da das Spiel am Ende des Projekts noch einmal gespielt wird, um zu sehen, was sich verändert hat. Jetzt erhalten die Kinder einen Reisepass, in dem sie ihr Foto einkleben und ihren Namen eintragen. Diesen Reisepass müssen sie nach dem Flug in das jeweilige Land immer an der Grenze vorlegen, um einreisen zu können.

Und nun beginnt die große Reise quer durch den riesigen Kontinent Afrika.

▶ Flugvorbereitung   ALGERIEN

Auf dem Flughafen suchen die Kinder auf einer Afrikakarte ihr Reiseziel Algerien. Dann steigen die Kinder ins Flugzeug und setzen sich in Reihen hintereinander hin und klatschen zum Start des Flugzeugs alle auf ihre Knie. Sobald das Flugzeug abhebt, gehen die Arme in die Höhe.

Vorne steht eine Leinwand, auf der während des Fluges Bilder von Algerien gezeigt und diese im Gespräch mit den Kindern erläutert werden. Zuerst sind die Fahne und das Wappen (die Hand Fatimas, die für Mut und Loyalität steht) Algeriens abgebildet. Auf dem nächsten Foto ist eine Karte zu sehen. Den Kindern werden die angrenzenden Länder gezeigt und vermittelt, dass Algerien das größte Land Afrikas ist. Die nächsten Bilder zeigen Algier, die Hauptstadt im Norden des Landes.

Hier können das Klima im Norden des Landes und das Aussehen der Stadt (weiße Häuser wegen der Hitze) thematisiert werden. Danach werden Straßen in Algier, algerische Menschen sowie kleine Geschäfte bzw. Basare gezeigt. Hier kann mit den Kindern über die Kleidung, das Angebot auf den Basaren und den Aushandlungsprozess von Preisen geredet werden. Auf den nächsten Bildern sind eine kleine Stadt und ein Dorf zu sehen. Hier kann es um eine andere Art der Fortbewegung gehen, zu Fuß oder mit Tieren. Die nächsten Fotos zeigen die Wüste. Themen können hier das Klima, der Wassermangel, Oasen, die Kleidung oder Tiere in der Wüste sein. Auf den letzten Bildern werden noch einige Menschen Algeriens und schließlich der internationale Flughafen in Algier gezeigt.

Das Flugzeug landet in Algier und die Kinder werden begrüßt: „Ahlan wa Sahlan! Herzlich willkommen in Algerien!" Sie müssen noch durch die Passkontrolle – es steht ein Tisch bereit, an dem die Pässe gestempelt werden und das Datum eingetragen wird –, dann verlassen sie den Flughafen.

Materialien

- Afrika-Karte mit Papierschablone für Algerien
- Reisepässe der Kinder mit Fotos
- Laptop und Beamer
- Stempelkissen (für Visum), Stempel von Algerien, Stift
- Powerpoint-Präsentation mit Bildern von Algerien (für Flug)
- Teppich für die Pausen
- Arbeitsblatt Algerien
- Kopftücher für Turban
- Kajalstifte, Henna-Vorlagen, Pappe zum Basteln von Schmuck
- Algerienschablonen, kleine Deutschlandschablonen, Pizzakartons
- Vogelsand
- Vorlagen für Palmen, Kamele, Menschen etc., Buntstifte und Scheren
- Zahnstocher, Tesafilm, arabisches Alphabet auf einem Blatt oder arabische Buchstaben auf vielen Blättern

▶ Auf einem Basar   ALGERIEN

In der Mitte des Raumes liegt ein großer Teppich. Die Kinder ziehen ihre Schuhe aus, denn in Algerien betritt man Teppiche und Häuser nicht mit Schuhen. Sie können sich dann auf den Teppich setzen. Die Kinder lernen hier, sich auf einem Basar zurechtzufinden. Dazu werden ihnen einige arabische Worte beigebracht:

„As-Salam aleikum" (Friede sei mit dir.)	*0 ssifr*
„Aleikum salam" (Friede sei auch mit dir.)	*1 wahid*
„Esseyak" (Wie geht es dir?)	*2 itnen*

"kwayyes" (gut)   3 talata
"biaam da" (Wie viel kostet das?)   4 arba
"ana adfa faqat" (Ich zahle nur ...)   5 chamsa

Die Kinder können jetzt mit ihren Nachbarn erste Gespräche führen. ▮

▶ Sprache, Kleidung und Schmuck   ALGERIEN

Die Kinder werden in zwei Gruppen eingeteilt. **Die erste Gruppe** beschäftigt sich vor allem mit der Sprache. Zuerst stehen die Kinder vor der Landkarte und sollen schätzen, wie oft Deutschland in Algerien passt, mit kleinen Länderschablonen können sie es ausprobieren (es sind sieben Mal). Es wird ein kurzer Hinweis gegeben, wer in Algerien lebt, im Süden in der Wüste sind es vor allem Berber und im Norden Araber, und welche Sprachen sie sprechen, um dann näher auf das Arabische einzugehen.

Die Kinder werden gefragt, was sie von dieser Sprache wissen (andere Schrift, von rechts nach links, arabische Zahlen, Verzierungen der Buchstaben). Dann werden mithilfe eines Arbeitsblattes Namen, Wörter und kurze Sätze auf Arabisch geschrieben, beispielsweise As-Salam Aleikum:

السلام عليكم

Wenn noch Zeit ist, können die Kinder arabische Buchstaben ausmalen.

Die zweite Gruppe beschäftigt sich mit Kleidung in Algerien. Zuerst werden die Kinder gefragt, was sie bereits über die Kleidung in Algerien wissen. Mögliche Antworten können sein:
• aus Schutz vor der Sonne keine kurze Kleidung (lange Hosen; oft auch lange Ärmel)
• wegen der Hitze weite Kleidung
• Kopfbedeckungen, hier besonders der Turban

Dann wird jedem Kind ein Turban gebunden und gefragt, weshalb Turbane getragen werden. Die Antworten können lauten:
• Hitze- und Sonnenschutz, um Flüssigkeitsverlust vorzubeugen
• Schutz gegen Sand

Es wäre schön, auch weite Gewänder (Djellabah) dazuhaben, die von den Teamern getragen werden. Es sind Gewänder, die meistens im Süden, in der Wüste verwendet werden.

Kleidung in Algerien: Schüler mit Turbanen im Unterricht

Im Anschluss wird auf die sehr verbreiteten Verzierungen mit Henna in Algerien und anderen arabischen Ländern eingegangen. Muster für Verzierungen werden ausgeteilt und mit Kajalstiften auf die Hände oder Arme der Kinder gezeichnet. Darüber hinaus können die Kinder Schmuck aus Karton basteln (z. B. Fatimas Hand als Anhänger).

Die Kinder werden kreativ beim Basteln von Schmuck und dem Bau einer Modellwüste.

Nach Beendigung der Aktionen tauschen die Gruppen die Stationen. Bei kleineren Gruppen ist es auch möglich, diese nicht zu teilen und die Stationen nacheinander zu besuchen. ▪

▶ In der Wüste   ALGERIEN

In einem Pizzakarton kann jedes Kind bzw. Gruppen von drei bis fünf Kindern eine kleine Wüste bauen. Dafür stehen Sand sowie Pappvorlagen von Kamelen und anderen Tieren, Palmen, Menschen und Zelten zum Ausschneiden zur Verfügung. Mit Stiften können sie angemalt werden. Sanddünen und Oasen können gebaut werden. Erfahrungsgemäß sind die Kinder hier sehr kreativ und mit Begeisterung bei der Sache. ▪

▶ Märchenstunde   ALGERIEN

In vielen afrikanischen Ländern hat die Erzählkultur eine große Tradition, so auch in Algerien. Die Kinder versammeln sich auf dem Teppich, dort wird ihnen ein arabisches Märchen erzählt oder vorgelesen. ▪

Arbeitsblatt zu Algerien

Kleidung

Warum trägt man in Algerien einen Turban oder ein Kopftuch?

_____

Warum ist die Kleidung so weit?

_____

Wo trägt man eine Djellabah?

_____

Landeskunde

Wie oft passt Deutschland in Algerien hinein?

_____

Welche Sprachen werden in Algerien gesprochen?

_____

Wie kauft man etwas auf dem Basar?

_____

Welche Landschaft in Algerien ist am größten?

_____

Wie heißt die Hauptstadt von Algerien?

_____

▶ Arbeitsblatt ALGERIEN

Zur Sicherung der Ergebnisse füllen die Kinder ein Arbeitsblatt (siehe S. 52) aus, auf dem u. a. Fragen zum Land (Hauptstadt, Landschaft, Sprache) und zur Kleidung gestellt werden. ▨

▶ Rückflug ALGERIEN

Die Kinder steigen ins Flugzeug und haben auf dem simulierten Rückflug die Gelegenheit zu einem kurzen Feedback: Was hat ihnen gefallen, was nicht? Was erzählen sie heute nach der Schule ihren Geschwistern, ihren Eltern und Freunden? ▨

▶ Flugvorbereitung TANSANIA

Auf dem Flughafen suchen die Kinder auf einer Afrikakarte ihr Reiseziel Tansania. Dann setzen sie sich ins Flugzeug und werden mit Bildern von Tansania auf das Land eingestimmt. Sie sehen die Fahne und das Wappen Tansanias, die Farben der Fahne werden kurz erläutert:

Die Bedeutung der Farben von Tansanias Wappen
Grün: das fruchtbare Land
Blau: die Seen und der Indische Ozean, Tansanias Grenzen
Gelb/Gold: Reichtum an Bodenschätzen
Schwarz: die Menschen

Anschließend sehen sie die Karte Tansanias, auf der die zahlreichen Nationalparks gut zu erkennen sind.

Die nächsten Fotos zeigen Bilder vom Land. Zu sehen ist:
- der Indische Ozean
- die Insel Sansibar
- der Kilimanjaro, der höchste Berg Afrikas (ca. 5 895 m)
- Regenwälder
- die Serengeti, der berühmte Nationalpark ▨

Materialien

- Afrika-Karte und Papierschablone für Tansania
- Reisepässe der Kinder mit Fotos, Stempelkissen, Stempel (für Visum), Stift
- Laptop und Beamer, Powerpoint-Präsentation mit Bildern von Tansania (für Flug) sowie Informationen zur Präsentation
- laminierte Tierbilder, Informationen zu den Tieren (siehe auch unter http://www.natur-lexikon.com)
- leere Din-A4-Papiere, Puzzlevorlagen, Puzzleteile
- Arbeitsblatt Tansania

Weitere Bilder zeigen die Wiege der Menschheit, die Olduvai-Schlucht, sowie die dort entdeckten Fußspuren der ersten Menschen. Die folgenden Bilder zeigen eine Landschaft in der Trocken- und dann in der Regenzeit, um den Kindern den Unterschied zu verdeutlichen. Die letzten Bilder zur Natur Tansanias zeigen Tiere im Ruaha-Nationalpark und den riesigen Affenbrotbaum. Bilder von Städten, Dörfern und Menschen setzen die Präsentation fort: Iringa, ein Obst- und Gemüsestand auf einem Markt in Iringa (hier kann gefragt werden, welche Früchte und welches Gemüse die Kinder kennen), Kinder in Schuluniformen auf einem Schulhof und schließlich Dar es Salaam, die größte Stadt in Tansania, mit offiziell drei Millionen Einwohnern. Das Abschlussbild ist wiederum ein Foto des Flughafens in Dar es Salaam.

Das Flugzeug landet in Dar es Salaam und die Kinder werden begrüßt: „Karibuni Tanzania!": Herzlich willkommen in Tansania!

Sie müssen noch durch die Passkontrolle – es steht ein Tisch bereit, an dem die Pässe gestempelt werden und das Datum eingetragen wird –, dann verlassen sie den Flughafen.

▶ Tiere   TANSANIA

In der ersten Einheit stehen die Tiere im Mittelpunkt. Die Kinder sollen überlegen, welche Tiere in Tansania leben. Wenn sie eines gefunden haben, wird das entsprechende Bild an die Tafel gepinnt, der Name auf Swahili dazu geschrieben und gemeinsam mit dem Lehrer die Besonderheiten der Tiere herausgearbeitet. Darüber hinaus können die Tiere beispielsweise in ihrer Schnelligkeit verglichen, oder nach Carnivoren/Herbivoren, Einzelgänger/Herdentier sortiert werden.

▶ Das Krokodilspiel

Die Kinder werden in zwei Gruppen eingeteilt, das markierte Spielfeld ist
ein See voller Krokodile. Jedes Kind erhält eine Insel (DIN-A4-Papier). Es
gilt, den See gemeinsam zu durchqueren, die Gruppe, die zuerst auf der
anderen Seite ist, hat gewonnen. Dabei müssen die Inseln immer im Kontakt zu einem der Kinder stehen. Liegt eine Insel ohne Körperkontakt im
See, wird sie sofort von den Krokodilen gefressen (vom Spielleiter entfernt).
Wenn Kinder aus der Gruppe das Wasser berühren, muss die Gruppe neu
starten.

Wer kommt sicher über den See?

▶ Puzzle basteln

Jedes Kind bekommt eine Puzzlevorlage und die Puzzleteile. Sie schneiden
die Teile aus, kleben sie auf und malen sie an. Dabei wiederholen die Kinder
auch die Tiernamen auf Swahili. Die Puzzlevorlage ist ein Bild verschiedener Tiere in einem tansanischen Nationalpark. Wenn die Puzzleteile an den
richtigen Stellen aufgeklebt worden sind, haben die Kinder ein vollständiges
Bild der zuvor besprochenen Tiere, mit den Swahili-Namen, das ausgemalt
werden kann.

Puzzlevorlage mit Tiernamen auf Swahili

▶ Arbeitsblätter

Zur Sicherung der Ergebnisse füllen die Kinder ein Arbeitsblatt aus, auf dem vor allem Fragen zu den Tieren beantwortet werden sollen (Übersetzung auf Swahili, Ordnen der Tiere nach Schnelligkeit u. a.). ▪

▶ Rückflug

Die Kinder steigen ins Flugzeug und haben auf dem simulierten Rückflug die Gelegenheit zu einem kurzen Feedback: Was hat ihnen gefallen, was nicht? Was erzählen sie heute nach der Schule ihren Geschwistern, ihren Eltern und Freunden?

Schüler imitieren den Rückflug von Tansania nach Deutschland ▪

▶ Flugvorbereitung

Auf dem Flughafen suchen die Kinder auf einer Afrikakarte ihr Reiseziel Madagaskar. Dann setzen sie sich ins Flugzeug und bekommen auf dem elfstündigen (!) Flug Bilder aus dem Land gezeigt. Auf dem ersten Bild ist die Fahne von Madagaskar zu sehen, dann eine Karte des Landes, der viertgrößten Insel der Welt. Die nächsten Bilder zeigen Landschaften, Strände, typische Tiere (Lemur), Menschen, Reisfelder und die Hauptstadt Antananarivo. Zum Schluss wird ein Bild des Flughafens gezeigt.

Vor der Landung lernen die Kinder aber noch einige Worte auf Madagassisch, um sich ein wenig verständigen zu können. Zur Begrüßung sagt man: *„Tonga soa* (gesprochen: tunga sua) *Madagaskar!* Herzlich willkommen auf Madagaskar!"
„Manao ahona" (gesprochen: manau aôna), das heißt „Hallo. Wie geht's?", es wird sich nicht umarmt, sondern nur die Hand gegeben oder auch nur gesprochen.
Die Antwort darauf lautet ebenfalls: *„Manao ahona".*
Zum Verabschieden sagt man „Veluma" (gesprochen: weluma). Das heißt „Tschüss".

Das Flugzeug landet jetzt in Antananarivo, und die Kinder werden begrüßt: Sie müssen noch durch die Passkontrolle – es steht ein Tisch bereit, an dem die Pässe gestempelt werden und das Datum eingetragen wird –, dann verlassen sie den Flughafen.

Materialien
- Afrika-Karte und Papierschablone für Madagaskar
- Reisepässe der Kinder mit Fotos, Stempelkissen, Stempel von Madagaskar (für Visum), Stift
- Laptop und Beamer, Powerpoint-Präsentation mit Bildern von Madagaskar, Informationen zur Präsentation
- Arbeitsblatt Madagaskar
- Zutaten für das Kochen: Milch, Mehl, Süßkartoffeln, Zucker, Öl, Eier
- Geschirr, Filmdosen mit Gewürzen
- Frucht-Memorix und Gewürze-Memorix
- Gewürzbilder (zum Aufhängen)

▶   Kochen, Gewürzeraten, Memorix   MADAGASKAR

Zu Beginn – am besten schon vor dem Flug – müssen die Süßkartoffeln in Wasser aufgesetzt und ca. 35 min gekocht werden. Nach der Ankunft in Madagaskar wird zusammen Mofo Bageda (Süßkartoffelbrot) gekocht. Hier ist das Rezept: Für 25 Stücke benötigt man 800 g Süßkartoffeln, 1 Ei, 150 g Mehl, ein wenig Milch, 8 EL Rohrzucker und Butter. Die Süßkartoffeln werden gekocht, geschält und dann püriert. Die anderen Zutaten werden dazu gemischt. Mit den Handflächen werden flache Frikadellen geformt (mit etwa 6 cm Durchmesser) und in heißem Öl auf beiden Seiten gebraten.

Bilder des Früchte-Memorix

Es werden drei Gruppen gebildet, da es schwierig ist, dass alle Kinder zusammen das Süßkartoffelbrot zubereiten. Die erste Gruppe bereitet das Brot zu. Dazu werden die Kartoffeln mit den Händen geschält, mit Gabeln zerstampft, die anderen Zutaten hinzugefügt, alles verrührt und in Öl gebraten. Die zweite Gruppe spielt Gewürzeraten und Gewürze-Memorix mit vorbereiteten Filmdöschen, in denen unterschiedliche Gewürze sind (jeweils zwei Filmdöschen mit demselben Gewürz). Die dritte Gruppe spielt ein Frucht-Memorix mit Bildern unterschiedlicher Früchte. Nach zehn Minuten etwa können die Gruppen wechseln.

▶ Essen   MADAGASKAR

Das Grund-
nahrungsmittel auf
Madagaskar
ist Reis.

Jetzt wird zusammen gegessen. Dabei wird den Kindern über das Essen auf Madagaskar erzählt: Auf Madagaskar isst man dreimal am Tag Reis. Zum Frühstück gibt es einen Reisbrei mit salzigen Beilagen. Mittags und abends gibt es Reis mit Beilagen wie Fleisch, Fisch oder Gemüse. Auch zu Kartoffeln isst man Reis. Reis ist also bei allen drei Mahlzeiten immer das Hauptessen. Man sagt sogar, dass die Madegassen pro Person den meisten Reis auf der ganzen Welt essen.

Ein besonderes Essen, das wir hier in Deutschland nicht kennen, ist grünes Gemüse, das dem Spinat ähnelt, aber in vielen verschiedenen Sorten angeboten wird, die angenehm bitter schmecken. Man kocht das grüne Gemüse mit Fleisch und Reis. Fleisch gibt es wie bei uns vom Rind, vom Schwein und Geflügel.

Etwas Besonderes ist es auch, dass es sehr viel frischen Fisch gibt, der im Meer gefangen wird und den man auf dem Markt lebend kaufen kann. Nur so weiß man, dass der Fisch frisch ist.

Ärmere Leute essen nicht so viel Reis, sondern oft auch Maniok (eine Wurzelfrucht, die bei uns als „Tapioka" an Schweine verfüttert wird) und Süßkartoffeln. Reichere Leute essen Maniok und Süßkartoffeln zwischendurch oder als Pausenbrot.

Wie kocht man auf Madagaskar?

Gekocht wird selten auf einem Gas- oder Elektroherd. Meistens kocht man auf einem Kohleherd im Haus. Es gibt kein Fertigessen oder Essen aus der Tiefkühltruhe auf Madagaskar. Alles wird selbst frisch gekocht und die Kinder helfen überall mit. Es gibt auch keine Spülmaschine und keine Waschmaschine. Alles wird von Hand gemacht.

Kinder, vor allem Mädchen, bekommen kleine Töpfe und einen kleinen Herd geschenkt, mit dem sie richtiges Essen kochen können, das sie dann auch essen. Das Frühstück, der Reisbrei, wird um fünf Uhr morgens gekocht und um sechs oder halb sieben wird gefrühstückt. Danach gehen die Kinder in die Schule. Um zehn Uhr beginnt man, das Mittagessen zu kochen und um zwölf oder eins wird zu Mittag gegessen. Ab 18 Uhr gibt es das Abendessen.

▶ Gewürze und Früchte   MADAGASKAR

Nach dem Essen werden noch einmal Früchte und Gewürze thematisiert. Die Kinder sollen überlegen, welche tropischen Früchte sie kennen. Mögliche Antworten sind kleine und große, rote und gelbe Bananen, Litschis, Papayas, Mangos, Passionsfrüchte, Kokosnüsse, Ananas, Melonen.

Die Früchte wachsen in den Gärten oder wild im Wald, wo man sie pflücken kann, wie zum Beispiel die Passionsfrüchte. Dazu kann eine Geschichte erzählt und gefragt werden, ob die Kinder sie für wahr halten:

Die besoffenen Affen von Madagaskar

Affen lieben Mangos und Bananen am meisten: Im Frühjahr, das ist in Madagaskar im September, da gibt es besonders viele Mangos. Pedro, ein neunjähriger Junge, hat uns neulich erzählt, dass er in seinem Dorf schon betrunkene Affen über die Dorfstraße taumeln sah.

Wir fragten ihn, weshalb.

Er antwortete: „Ist doch klar: Viele der Mangos, die zu Boden fallen, sind schon überreif und halb vergoren. Doch die Affen lieben gerade diesen Geschmack, weil sie dadurch schnell einen Rausch bekommen."

Manche Frauen sammeln die wilden Früchte und verkaufen sie auf dem Markt. Sie werden also fast nie im Supermarkt gekauft, so wie bei uns.

Jetzt werden die Kinder gefragt, welche Gewürze sie kennen. Hier sind vor allem Nelken und Vanille wichtig, denn sie sind bedeutende Exportprodukte Madagaskars. Die Bilder der Gewürze werden an der Tafel aufgehängt und dazu erzählt.

▷ Blätterspiel   MADAGASKAR

Zur Auflockerung wird ein Spiel aus Madagaskar gespielt. Mehrere Gruppen suchen auf dem Schulhof in einer bestimmten Zeit (15 min) so viele verschiedene Blätter wie möglich. Jede Blattsorte gibt einen Punkt, wenn alle Gruppen dasselbe Blatt gefunden haben, bekommt keine Gruppe einen Punkt. Die Gruppe mit den meisten Punkten hat gewonnen.

▷ Arbeitsblätter   MADAGASKAR

Zur Ergebnissicherung wird ein Arbeitsblatt mit Fragen zur Sprache, allgemein zu Madagaskar und zu Früchten ausgefüllt, und die Bilder der Gewürze werden angemalt.

▷ Rückflug   MADAGASKAR

Die Kinder steigen ins Flugzeug und haben auf dem simulierten Rückflug die Gelegenheit zu einem kurzen Feedback: Was hat ihnen gefallen, was nicht? Was erzählen sie heute nach der Schule ihren Geschwistern, ihren Eltern und Freunden?

Fazit

Die Projektwoche wurde bereits mehrmals an einer Marburger Grundschule durchgeführt. Sowohl in den einzelnen Tages- als auch in den Reflexionen des Gesamtprojekts zeigten die Kinder sich begeistert und gaben die Rückmeldung, dass sie viel gelernt haben, dass sie ihren Eltern und Geschwistern vom Projekt erzählen werden und dass einige jetzt auch einmal in ein afrikanisches Land reisen wollten.

Aufgrund des Austausches mit den Schülern bzw. den Lehrern sowie der Evaluationen wurden jedoch auch Methoden und Inhalte der einzelnen Module überarbeitet und verändert. Es stellte sich vor allem die Frage an die Bildungsarbeit im Bereich des „Interkulturellen Lernens", inwieweit trotz aller Bemühungen um Differenzierung in den Projekten nicht dann doch wieder ungewollt Stereotype reproduziert werden. Denn, um nur ein Beispiel zu nennen, wie viel nutzt es, in jedem Modul einen Schwerpunkt zu setzen, wenn die kulturelle Komplexität doch um so vieles größer ist? Wie kann hier Assoziationen begegnet werden, die Afrika vor allem mit „verschleierten Frauen" oder „wilden Tieren in Tierparks" verbinden?

Wo kommt die Zeit und die Kraft her, um diese Ideen zu verwirklichen?

Die Durchführung der Module stellt somit eine ständige Gratwanderung einerseits zwischen der Intention des Konzepts zur Horizonterweiterung im „Interkulturellen Lernen" in der Grundschule dar und andererseits der Vertiefung von exotistischen Stereotypen.

Trotzdem kann hier gesagt werden, dass die bisherigen Durchführungen des Projektes einen positiven und nachhaltigen Effekt hatten. Die Kinder wurden zur Reflexion über ihre Vorstellungen von afrikanischen Ländern angeregt. Sie zeigten erste Ansätze in der Entwicklung eines pluralistischen und positiv besetzten Afrikabildes. So konnten wir mit den Kindern erste Schritte auf einem langen Weg gehen.

2.3 Mauern abtragen und Zäune einreißen – Zum Bilingualismus in Kameruner Primarschulen

Moses Mofor Momulouh (Übersetzung: Hans Bühler)

Kamerun ist ein vielsprachiges Land, weshalb die Sprachsituation sehr komplex ist. Der von BRETON und DIEU 1985 herausgegebene „Sprachatlas" geht von 237 Sprachen in Kamerun aus. Um in diese Vielfalt ein wenig Ordnung zu bringen, beschloss die kamerunische Regierung, zwei Fremdsprachen zu institutionalisieren: Französisch als offizielle Verkehrssprache für 75 % und Englisch für 25 % der Bevölkerung.

Bilingualismus ist also Teil der öffentlichen Politik in Kamerun, mit Englisch und Französisch als den beiden Verkehrssprachen. Wesentlicher Grund für diese Entscheidung war, in den vielen vielsprachigen Gemeinden eine gemeinsame sprachliche Einheit zu stiften. Außerdem sollte damit mehr nationale Integration erreicht werden. Offizieller Bilingualismus wird in (den 6-jährigen) Primar- und Sekundarschulen praktiziert. Der Fokus hier soll auf der Primarschule liegen.

Wie Kamerun Englisch und Französisch erbte

Zwischen 1884 und 1916, zu Zeiten des deutschen Kolonialismus, war Kommunikation in Kamerun extrem schwierig: In den Schulen unterrichtete man (auf) Deutsch, im Alltag sprach man vor allem Pidgin, die westafrikanische Lingua franca, versuchte sich aber auch mit Douala und Mungaka, zwei einheimischen Sprachen. Nachdem die Deutschen im Ersten Weltkrieg von den Engländern und Franzosen geschlagen worden waren, wurde Kamerun in zwei getrennte Territorien aufgeteilt, die unter die Verwaltung der Siegermächte Frankreich und England gestellt wurden.

Kolonialsprachen als National-sprachen?

1960 wurde der frankophone Teil unabhängig und nannte sich „Kamerunische Republik". Die ersten Gesetzgeber dieses Gebietes verwendeten Französisch als Amtssprache. 1961 erhielten wesentliche Teile des anglophonen Gebietes ihre Unabhängigkeit durch eine Volksabstimmung. Sie schlossen sich mit der „Kamerunischen Republik" zusammen. So kam der Bundesstaat „Kamerun" zustande, mit Französisch und Englisch als seinen beiden offiziellen Sprachen. Dies ist trotz aller politischen Veränderungen von 1972 und 1984 so geblieben. In der Verfassung wurde festgeschrieben, dass diese beiden Sprachen gefördert werden müssen.

Bilingualismus, ein Recht auf Bildung

Der Staat hat Bilingualismus zu einem „Recht auf Bildung" erklärt: „Der Staat wird Bilingualismus auf allen Ebenen der Bildung als einen Faktor nationaler Einheit und Integration institutionalisieren." (Gesetz Nr. 98/004 vom 14.4.1998, Sektion 3) Die zweite offizielle Sprache ist Teil aller öffentlichen Prüfungen, alle französisch-sprachigen Schüler werden also in Englisch geprüft und umgekehrt. Außerdem ist Englisch bzw. Französisch offizielle Unterrichtssprache im frankophonen bzw. anglophonen Teil von Kamerun.

Die Vorteile des Bilingualismus

Das Erziehungsministerium (2011) hat erst vor kurzem nochmals die Vorteile des Bilingualismus so zusammengefasst:

Kognitive Vorteile

Bilinguale können Vorteile beim Denken haben: Sie haben zumeist mehrere Begriffe für einen Gedanken oder ein Objekt. Deshalb kann eine bilinguale Person eher kreatives und flexibles Denken entwickeln. Bilinguale haben eine höhere Sensibilität, welche Sprache wann und mit wem gesprochen werden sollte. Bilingualismus scheint auch das intellektuelle Wachstum zu beeinflussen, was erst kürzlich in IQ-Tests empirisch nachgewiesen wurde.

Soziale Vorteile

Bilinguale sind schneller im „Codeswitching" zwischen diversen Sprachen, weshalb sie mit verschiedenen Leuten in unterschiedlichen Situationen in jeweils anderen Sprachen sprechen können. Dies macht sie einerseits selbstsicherer, zum anderen fällt es ihnen sehr viel leichter, Sozialkontakte mit Menschen aus verschiedenen Ländern zu pflegen.

Curriculare Vorteile

Bilinguale haben Vorteile in der Schule bei Tests und Prüfungen. Außerdem ist Bilingualismus oft nur der Beginn einer vielsprachigen Sprachkompetenz, wobei es leichterfällt, drei oder vier Sprachen fließend zu sprechen.

Kommunikative Vorteile

Bilinguale schreiben und lesen gerne in verschiedenen Sprachen, so können sie verschiedene Literaturen verstehen und einschätzen. Dies ergibt ein vertieftes Wissen über verschiedene Ideen und Traditionen. Denkstrukturen und die damit zusammenhängenden Verhaltensweisen werden so erweitert. Die Freude am Lesen von Dichtung, aber auch von Zeitschriften wird ebenso verdoppelt wie die Möglichkeiten der Korrespondenz, innerhalb der Familie, aber auch mit Freunden. Schließlich haben sie weniger Kommunikationsprobleme in einem fremden Land.

Kulturelle Vorteile

Bilingualismus eröffnet einen Zugang zu verschiedenen Kulturen. Fremdsprachenkenntnisse machen es möglich, einen Schatz an traditionellen und zeitgenössischen Redewendungen, aber auch Spruchweisheiten zu heben, ebenso wie historische Einsichten, Musik und Literatur aus verschiedenen Kulturen. Wer einen weiter gespannten kulturellen Horizont hat, wird sich auch toleranter gegenüber verschiedenen Glaubensgrundsätzen oder Sitten verhalten.

Berufliche Vorteile

Wer bilingual ist, hat auf dem Arbeitsmarkt Vorteile, weil man eine breitere Auswahl hat. Dies trifft insbesondere für folgende Sektoren zu: Großhandel, *Gibt es auch* Transportwesen, Tourismus, Verwaltung, Sekretariat, Public Relation, Kauf *Nachteile?* und Verkauf, Bankwesen, Buchhaltung, Übersetzer, Rechtsberatung und Lehrer.

Bilingualismus in der öffentlichen Primarschule „Djackbol"

Die öffentliche Primarschule Djackbol liegt in Ngaoundéré, der Hauptstadt des Adamaoua-Gebiets, einer der zehn Regionen Kameruns. Diese Schule liegt etwa 2 km außerhalb des Zentrums. Sie wird von 840 Kindern besucht. Es gibt 448 Jungen und 392 Mädchen, die in elf Klassen von zwölf Lehrern unterrichtet werden, neun Frauen und drei Männer, der Schulleiter ist männlich. Die Kinder sind zwischen fünf und 13 Jahre alt. Jede Klasse hat im Durchschnitt 70 Schüler. Eine Klasse hat 151 Schüler, weil zwei Klassen zusammengelegt wurden.

„Aktion kleine Klasse" durchführen?

Die öffentliche Primarschule „Djackbol" hat Französisch als Unterrichtssprache, Englisch ist die erste Fremdsprache. Jeder Lehrer muss alle Fächer unterrichten. Alle Lehrkräfte sind frankophon. Die Vorbereitungen der Englischstunden werden dem Schulleiter vorgelegt, der sie daraufhin überprüft, ob sie dem Lehrplan und der vorgeschriebenen Methodik entsprechen. Danach hält der Lehrer seine Unterrichtsstunde. Am Ende jeder Sequenz müssen die Schüler einen Test und am Ende des sechsten Schuljahres einen Abschlusstest schreiben. Der Schulleiter kontrolliert den gesamten Unterrichtsverlauf – soweit dies bei so vielen Lernenden überhaupt möglich ist.

Die Lehrer gehören zu einer Englischrunde, wo sie ständigen Erfahrungsaustausch pflegen. Außerdem muss einer der Teilnehmenden ein Referat halten. Diese Runde fasst Lehrer und Schulleiter von fünf Schulen zusammen.

In allen Schulen wird die Nationalhymne auf Französisch und auf Englisch jeden zweiten Tag abwechselnd gesungen, also montags auf Französisch, dienstags auf Englisch, und zwar während des gemeinsamen Schulbeginns im Schulhof. Zusätzlich hat diese Schule den Mittwoch zu ihrem bilingualen Tag gemacht: Außerhalb der Klassenzimmer reden alle miteinander nur Englisch. Selbst der Schulleiter wird während dieses Tages die Schüler morgens auf Englisch begrüßen und Kinder, Lehrer oder Eltern in seinem Büro auf Englisch empfangen.

Sprachclub

Diese Schule hat auch einen „Englisch-Club", wo sich alle Schüler treffen können, die ein besonderes Interesse am Englischen haben. Die Mitgliedschaft ist freiwillig. Ein Lehrer koordiniert diesen Club. Die Schüler haben einen Verwaltungsrat gewählt, mit einem Präsidenten und seinem Vize, einem Generalsekretär und seinem Vize, zwei Sekretären für die Finanzen, einem Schatzmeister und einem Öffentlichkeitsreferenten. Der Club hat zurzeit 117 Mitglieder. Sie treffen sich jeden Mittwoch nach dem Unterricht. Sie diskutieren miteinander über Lernschwierigkeiten im Englisch, wobei der Koordinator ihnen dann weiterhilft. Sie singen auch miteinander, lesen Geschichten, Kurzgeschichten und Gedichte, alles auf Englisch. Sie organisieren ebenso „runde Tische".

Schulfest

Die Initiativen im Club werden auch öffentlich vorgeführt, innerhalb oder außerhalb der Schule bei Festen, bei Leistungsvergleichen zwischen den Schulen, die während der nationalen Bilingualismus-Woche veranstaltet werden. Dies ist dann ein nationales Fest. Im Jahr 2011 haben sie sich auf das Thema: „Guter Bilingualismus, ein Fenster zur Professionalisierung" vorbereitet. Die Mitglieder des Clubs zeigen dabei in Modellstunden, welche Vorbereitungen für einen guten Englischunterricht nötig waren.

Neben den Liedern und Texten gibt es auch Ballett, traditionelle Tänze, Malen und Zeichnen, traditionelles Handwerk, aber auch Fußball und Handball, Seilziehen, Querfeldeinrennen und Leichtathletik. An diesem Festtag lädt die Schule auch politische und traditionelle Würdenträger sowie Eltern ein, um den Kindern beim Sprechen in ihrer zweiten, offiziellen Nationalsprache zuzuschauen.

Bilingualer Schulfunk in der Adamoua-Region

Wir haben mit der staatlichen Rundfunk- und Fernsehgesellschaft (CRTV) ein Radioprogramm „Bilingualism for all" und „Le bilinguisme pour tous". Dieses Live-Programm wird jeden Sonntag von 14 bis 14:30 Uhr gesendet. An jedem Sendetermin nehmen zwei Schulen teil.

Teilnehmende

Seit 2006 läuft es ein ganzes Jahr von Oktober bis Juni. 2010 bis 2011 machten 46 Schulen mit. Das Programm richtet sich an Kindergärten (drei bis fünf Jahre alt) und Primarschulen (fünf bis 13 Jahre alt), in diesem Jahr auch an Studierende für das Lehramt (20 bis 32 Jahre alt, GTTC) in Ngaoundéré. Insgesamt sind 70 Schulen für dieses Programm vorgesehen.

Ziele

Die Ziele lauten:

- zum Gebrauch von Standard-Englisch und -Französisch zu ermutigen, bei Lernenden, Lehrern und in der Öffentlichkeit
- die Unterrichtskompetenz von Lehrenden verbessern
- kreative Talente bei den Lernenden fördern

	Programmteile	Ziele	Zielgruppe	Dauer
1	Sprachenecke Sprachstrukturen korrekter Sprachgebrauch Idiomatik	zu korrektem Sprachgebrauch ermutigen	Erwachsene und Kinder	5 Min.
2	Lehrerecke Unterrichtsmethoden	Verstärkung der Unterrichtskompetenz in Englisch und Französisch	Lehrende	5 Min.
3	Kinderforum Geschichten, Lieder, Reime, Sketche, Dialoge, Debatten, Quiz-Wettbewerbe für Kindergärten und Primarschulen	Lernende dazu befähigen, ihre Zweitsprache zu verwenden, damit auch zögerliche Kinder sich daheim ausdrücken können.	Lernende Erwachsene Lehrende	15 Min.

Ginge das bei uns auch?

Inhalte

Die Inhalte sind:

- Bildung für alle (Jungen und Mädchen)
- Kinderrechte
- Gesundheit und Aids
- Umwelt
- gutes Regieren (good governance)
- Bilingualität

Ressourcen

Es wird auf folgende Ressourcen zurückgegriffen:

- CRTV (Öffentlicher Rundfunk)
- Angestellte des Bilingualitätsprogramms in der Schulinspektion
- Persönliches Engagement, auch privater Art

Der Prozess

Die Schulen erhalten einen Teilnahmekalender. Sonntags kommen ab 11:30 Uhr die Kinder aus den beiden ausgewählten Schulen in die Radiostation. Die Vorbereitung für die Nachmittagssendung beginnt. Sie präsentieren ihre Vorbereitungen zu von ihnen selbst ausgewählten Themen, Debatten, Fragen, Liedern, Sketchen, Reimen und Geschichten. Danach gibt es einen kurzen Vortrag zu Englisch als Einheitssprache, der von den Verantwortlichen gehalten wird. Schließlich gibt es einen Teil zur Methodik des Fremdsprachenunterrichts. Für alles sind 30 min vorgesehen.

Zusätzliche Ausrüstung

Die zusätzliche Ausrüstung besteht aus:

- dem audio-visuellen Equipment

- Transportmitteln für die Kinder und ihre Lehrer sowie für die Verantwortlichen
- Geschenken, um die Kinder zur Teilnahme zu motivieren

Rückmeldungen
Hörer können während der Sendung telefonieren, um ihre eigene Sicht direkt mit einzubringen. Sie kommen aber auch in unser Büro, um über ihre Probleme, aber auch über ihre Lernerfolge mit uns zu reden. Nach jeder Sendung findet eine Auswertungssitzung statt, in der wir nochmals Konsequenzen für die nächsten Sendungen miteinander diskutieren.

… was wir gelernt haben
Kinder, Lehrer, aber auch Teile der Öffentlichkeit sind enthusiastisch, weil wir es geschafft haben, das Interesse an Englisch in einer weitgehend französisch sprechenden Stadtbevölkerung zu wecken.

Resultat
- Das Programm begann im Schuljahr 2005/2006 mit insgesamt 32 Schulen. In der Zwischenzeit hat es sich mit einer Anzahl von 70 mehr als verdoppelt.
- Mehr als 70 % der Hörer im Adamaoua-Sendegebiet verfolgen dieses Programm.
- Einige Eltern haben ihre Kinder in Schulen eingeschrieben, die besonderen Wert auf Englisch legen. Einige dieser Schulen haben eine Steigerung der Schülerzahlen von bis zu 15 % zu verzeichnen.
- Viele Schulen haben Englisch-Clubs eingerichtet, damit ihre Schulen gut in dem Programm mitmachen können.

Modelle der Einführung von Bilingualität in Schulen
Es gibt erhebliche Unterschiede zwischen Schulen in Städten und auf dem Land. Auf dem Land gibt es oft Lehrer, die alle Fächer unterrichten müssen, und zwar mit nur wenigen Englischkenntnissen, während es in städtischen Schulen spezialisierte Fachlehrer für Englischunterricht in allen Klassenstufen gibt. Diese Unterschiede verursachen erhebliche Schwierigkeiten, denen mit verschiedenen Modellen begegnet werden soll. Manche Schulen unterrichten in einem Schuljahr z. B. Mathematik, Geschichte und Computertechnologie auf Englisch, und Geographie, Sozialkunde und Naturwissenschaften auf Französisch. Im nächsten Schuljahr tauschen sie diese Modelle nochmals gegenseitig aus, sodass an Schulen, an denen vorher

Englisch als Unterrichtssprache diente, jetzt Französisch verwendet wird und natürlich auch umgekehrt.

Probleme: Sprachkompetenz der Unterrichtenden

Mangelnde Sprachkompetenz der Unterrichtenden ist das Hauptproblem bei der Einführung des Bilingualismus in Kamerun. Viele Unterrichtende haben Englisch selbst erst in der Sekundarschule gelernt, als es zu dieser Zeit auch kaum gute Englischlehrer gab. Manche haben ihre gesamte Sekundarzeit hinter sich gebracht, ohne je einen Englischlehrer zu sehen. Manche Schulleitungen mussten ungelernte Englischlehrer anstellen, die als Frankophone selbst ihre Probleme mit Englisch hatten. In den Lehrerausbildungsstätten wird Englisch während fünf Wochenstunden gefordert, was oft missachtet wird, weil es immer noch an dem dafür notwendigen, qualifizierten Personal mangelt. Dies alles zusammen verdeutlicht, weshalb mangelnde Sprachkompetenz der Unterrichtenden das Hauptproblem ist. Doch geben sich die meisten alle nur erdenkliche Mühe, was man daran ablesen kann, dass Abgänger von Primarschulen den Englischlehrern in Sekundarschulen kaum oder überhaupt keine Probleme mehr machen.

Mangel an offiziell anerkannten Schulbüchern

Ein zweiter Problembereich ist der Mangel an offiziell anerkannten Schulbüchern, die das Ministerium für Kindergärten und Grundschulen für den Gebrauch in diesen Schulen zulässt. Diese Bücher werden nur deshalb zugelassen, weil sie dem vorgeschriebenen Lehrplan und der offiziellen Methodik entsprechen. Das Ministerium wählt für jedes Schulfach drei oder vier Bücher aus, aus denen die Schule eines auswählt, das den Eltern zum Kauf für ihre Kinder empfohlen wird. Englische Schulbücher umfassen ein Schülerbuch, ein Arbeitsheft und ein Lehrerhandbuch.

Im Allgemeinen haben 80 – 90 % der Kinder keine Schulbücher. Manchmal haben die Lehrer auch keine oder nur das Schülerbuch. So verkompliziert sich der Englischunterricht vor allem für französisch-sprachige Lehrer ein wenig. Manchmal gibt es Bücherspenden von der Regierung, doch reichen diese niemals vollständig aus. Meistens sind die Lehrer gezwungen, Leseübungsstoffe an die Tafel zu schreiben.

Der Kontext

Der Kontext ist ein Problem und eine Lösung. Er ist ein Problem, wenn wie bei der Djackbol-Schule in Ngaoundéré Englisch gelernt wird, die Umgangssprache im Alltag aber Französisch ist. Deshalb bekommen die Lernenden

Englisch nur in der Schule während der wöchentlichen viereinhalb Unterrichtsstunden mit, ganz so, wie es im offiziellen Lehrplan vorgeschrieben ist. Daheim wird von den meisten Französisch gesprochen, dazu kommt noch eine Vielfalt an einheimischen Sprachen hinzu, allen voran Fulfuldé und Hausa.

So kommt es, dass die Kinder daheim kein Forum vorfinden, um das Englisch, das sie in der Schule gelernt haben, nochmals zu praktizieren, vorzuzeigen und zu vertiefen. Umgekehrt haben die Kinder, die in Ngaoundéré eine Schule mit Englisch als Unterrichtssprache besuchen, überhaupt keine Probleme in ihrem Alltag in der französisch-sprachigen Stadt und Umgebung. Sie lernen Französisch als Zweitsprache in der Schule, die sie dann direkt anwenden können. So wird der Kontext zur Lösung für den Zweitspracherwerb.

Schlussfolgerung

Die kamerunische Regierung hat einiges unternommen, damit ihre Bürger dem Unterricht in der Zweitsprache eine hohe Priorität beimessen. Die Popularisierung von Englisch und Französisch hat dazu beigetragen, Mauern abzutragen und Zäune einzureißen. Kameruner betrachten sich heute als eine Nation, auch wenn sie Englisch oder Französisch sprechen. Bilingualität ist zu einem sehr wichtigen Faktor für nationale Einheit und Integration geworden.

Glückwunsch!

2.4 Globale Ungerechtigkeit und Klimawandel – Über den Verlauf einer Unterrichtseinheit

Hans Bühler

Die „Freie Schule" in Lindau (FSL) hat in den ersten Monaten des Jahres 2011 ein großes Projekt zu „Bildung für nachhaltige Entwicklung" mit dem Schwerpunkt „Klima" durchgeführt. Zwei Kolleginnen baten mich, eine Unterrichtseinheit zu organisieren mit dem Schwerpunkt „Folgen der Klimaveränderung für Menschen in Afrika".

Zur Lerngruppe

Die FSL ist eine reformpädagogisch orientierte Privatschule. Sie ist in heterogenen Lerngruppen organisiert, die jeweils drei Altersjahrgänge umfassen. Ich sollte mit den beiden Lerngruppen „Rubine" und „Saphire" zusammenarbeiten, die in der Stufe „Erweitern" zusammengefasst sind. Es handelt sich um neun- bis elfjährige Kinder. Die Teilnahme war freiwillig, ca. zwei Drittel der Schüler der Stufe „Erweitern" wohnten dem Unterricht bei.

Lernvoraussetzungen

Ist das Thema überhaupt dem Entwicklungsstand dieser Kinder angemessen? Wegen der großen Unterschiede zwischen den Kindern lässt sich diese Frage nicht mehr pauschal beantworten. Vieles hängt von der Unterrichtsorganisation in der einzelnen Schule ab. Als einzelne Doppelstunde würde ich es, so wie hier vorgeschlagen, erst am Ende der Grundschulzeit aufgreifen, möglichst im Religions- oder Sachunterricht, wo dabei sowohl an die aktuelle Debatte um den Klimawandel als auch an die Themen „Gerechtigkeit" oder „Bewahrung der Schöpfung" angeknüpft werden kann. Besser ist es jedoch platziert als einer der Abschlussbausteine des gesamten Projekts, so wie in Lindau, wo es einfach dazugehörte. Einige Kinder hatten schon bei der Projektplanung die Frage nach den Auswirkungen des Klimawandels für den Süden gestellt.

Die Unterrichtsplanung

Die Kinder der Lerngruppe „Rubine" bzw. „Saphire" sind an freie Unterrichtsformen wie Freiarbeit oder Projektunterricht gewöhnt. Diskussionsrunden, etwa im wöchentlichen Klassenrat, gehören zur Routine. Bei diesem Thema konnte ich also dialogische Unterrichtsformen wie Kreisgespräch und arbeitsgleiche Gruppenarbeit einsetzen. Dies erfordert von mir eine offene Unterrichtsplanung, die aber gleichwohl eine Struktur und – wo möglich – eine dabei hinterlegte Verfahrens-, vielleicht sogar Sachlogik braucht.

Was ist nun des „Pudels Kern", was sind die Lernziele bei diesem Thema? Die derzeitige Klimaveränderung wirkt sich weltweit dramatisch aus, wobei u. a. Subsistenzbauern in den ariden Gebieten Afrikas für die – weitgehend – im Norden verursachten Klimaveränderungen die Zeche bezahlen müssen. Es geht also um den Zusammenhang zwischen dem Klimawandel und den damit zusammenhängenden Veränderungen für die (Über-)Lebenschancen im Süden. Dies ist eine prekäre Fragestellung, weil es um weltweite Gerechtigkeit und Ungerechtigkeit geht, eine der Grundfragen einer aktuellen Werteerziehung.

Ist „Katastrophen-pädagogik" nicht unvermeidbar, wenn man die wissenschaftlichen Erkenntnisse zum Klimawandel ernst nehmen will?

Ich wollte dabei einen der Fehler einer überkommenen Katastrophenpädagogik früherer Umwelterziehung vermeiden, wo den Kindern wissenschaftlich fundierte Fakten präsentiert wurden, die jedoch nur in lähmende Einsichten und damit in eine „Titanic"-Mentalität mündeten. Dies war gut gemeint, doch wirkungslos, weil sich jeder normale Mensch vor zu viel Unheil innerlich schützt und schnell abschaltet. Außerdem verstößt man damit gegen eine Grundforderung jeglicher (Schul-)Pädagogik, nämlich den Heranwachsenden Mut auf ihre Zukunft zu machen. Ich musste also eine Möglichkeit suchen, wie ich den Kindern – neben dem Wissen um ungerechte Strukturen zwischen Nord und Süd – auch Wege zeigen konnte, wie man etwas gegen die Ungerechtigkeit unternehmen könnte und was afrikanische Kinder dagegen tun.

Mir kamen sofort **drei Themen** in den Sinn:

1. Ungleichheit
2. der Zusammenhang zwischen Ungleichheit und Umweltbelastungen, gemessen in CO_2-Belastung pro Person und Jahr
3. Aktionen von afrikanischen und deutschen Kindern

Der Unterrichtsverlauf wurde dann insgesamt durch vier Arbeitsblätter strukturiert:

- einem Cartoon mit Fischen im Dialog über „Das Problem der Ungleichheit"
- einer Tabelle, die den „Zusammenhang zwischen Ungleichheit und Umweltbelastungen, gemessen in CO_2-Belastung pro Person und Jahr" aufzeigt mit dem Titel „Da fällt was auf"
- Fotos von Feldarbeit, Dürre und Häuserruinen aus den Ländern Kamerun, Senegal und Benin, begleitet von der Frage „Weshalb?".
- der Frage und Aufforderung „Was tun? Was tun! Aktionen von Kindern im Benin (Westafrika) und hier"

Vieles kam dann anders als geplant

Da waren sie nun, 23 Kinder. Bewusst cool kamen die meisten am 20.5.2011 gegen 9.30 Uhr in den Lernraum der „Rubine" hereingetrottet. Alle fanden einen bequemen Platz auf dem Boden, ich durfte auf einem Stuhl sitzen, zwei Lehrerinnen waren auch dabei.

Cartoon zum Problem der Ungleichheit

Ich verteilte den Cartoon mit den Fischen und bat sie, sich in (arbeitsgleichen) Kleingruppen miteinander auszutauschen. Wer wollte, konnte den Cartoon auch ausmalen oder mit weiteren Sprechblasen ergänzen. Geschäftige Unruhe folgte.

Beim gemeinsamen Auswerten gab es folgende Kommentare:

Das ist ja nicht nur bei den Fischen so.
Bei uns Menschen sind es oft die Reichen, die die großen Fische sind.
Wie fühlt sich der kleine Fisch, hat er Angst?

Ein Mädchen widersprach: Sie hätte neulich eine Drosselmutter beobachtet, die einen dicken, fetten Raben mit lautem Geschrei vertrieb, als er ihr Nest ausrauben wollte. Man spürte, wie sie uns sagen wollte, dass körperliche Stärke manchmal nicht entscheidend sei. Und ein Junge meinte, dass selbst Falken keine Chance gegen „zigtausende von Staren" haben würden, wenn diese miteinander einen Falken attackieren würden. Ich konnte den Querverweis auf „Amnesty International" – das im Jahr 2011 sein 50-jähriges Bestehen feierte – nicht unterlassen. Diese Menschenrechtorganisation funktioniert genau nach dem Prinzip der vielen, vielen „Stare", die einen einzelnen, diktatorischen „Falken" ganz schön in Bedrängnis bringen können und damit manchem zu Unrecht Verurteilten die schnellere Befreiung aus dem Gefängnis geebnet und somit auch drohende Folter verhindert haben.

Wozu der Querverweis auf Amnesty International?

Verschmutzung durch CO_2 (pro Jahr, pro Einwohner, in Tonnen)	Staat	Reichtum
Mehr als 10 Tonnen	USA Kanada Australien Saudi-Arabien	
Mehr als 5 Tonnen	Deutschland Japan Russland China (demnächst)	
Weniger als 1 Tonne	Kamerun (0,25 to) Togo (0,14 to) Tschad (0,01 to)	

Aus dem Arbeitsblatt „Da fällt was auf", Quelle: http://www.statistiques-mondiales.com

Als Nächstes entzifferten wir in einem Unterrichtsgespräch auf dem Arbeitsblatt mit dem Titel „Da fällt was auf" den Zusammenhang zwischen der jährlichen CO_2-Verschmutzung und den Staaten, in denen dies gemessen wurde. Zur Sicherheit holten wir noch schnell eine Weltkarte, die wir mitten in den Kreis legten, um nochmals gemeinsam herauszufinden, wo diese Staaten sind. Wir schätzten gemeinsam ab, wie groß der Reichtum der jeweiligen Staaten sei. (Mit älteren Lernenden würde ich an dieser Stelle präziseres Quellenstudium, etwa mithilfe des Internets, gemessen mit „Bruttoeinkommen/Kopf/Tag" oder mit einem der Lebenshaltungsindizes der UN treiben). Alle trugen die Ergebnisse unserer Debatte in ihr Arbeitsblatt ein. Die gemeinsame Schlussfolgerung war offenkundig: Je reicher ein Staat, umso stärker fällt die Verschmutzung durch CO_2 aus.

Eine kurze Zusatzdebatte entstand, als einige auf den Sonderfall „China" zu sprechen kamen. Sie wussten, dass China inzwischen von der Gesamtbelastung mit CO_2 an „erster Stelle" ist. Es wurde dann aber schnell klar, dass sich dies bei ca. 1,2 Milliarden Chinesen relativiere, wenn man als Bezugsgröße „pro Einwohner" nimmt.

Aus dem Arbeitsblatt „Weshalb?"

Dies war vorläufig genug an Zahlenarbeit. Ich legte deshalb das Arbeitsblatt „Weshalb?" in die Mitte, auf dem Fotos von Feldarbeit, Dürre und Häuserruinen aus den Ländern Kamerun, Senegal und Benin zu sehen waren. Ich erzählte den Kindern, dass es sich um Fotos handelte, die ich auf Reisen zwecks Fortbildung westafrikanischer Lehrer selbst aufgenommen habe. Jetzt bebilderten sie ein Schulbuch für Kinder in Westafrika (Bühler 2011). Ich erklärte:

- Das erste Bild mit der Feldarbeit verrichtenden Frau stammt aus Nordkamerun. Dort kommen die für den Anbau von Hirse notwendigen Regenfälle immer unregelmäßiger und später. Schon vorher war nur wenig Hirse auf den Feldern zu finden, jetzt gibt es dort immer kahlere Stellen. Dies bedeutet für die arme Bevölkerung sofort: Hunger.
- Das zweite Bild des vollkommen ausgetrockneten Bodens stammt aus einer Gegend im Senegal, wo man vor zehn Jahren noch reiche Erdnussernten einfahren konnte. Erdnüsse waren die Haupterwerbsquelle dieser Bauern. Heute ist bittere Armut die unmittelbare Konsequenz der Klimaerwärmung.
- Die beiden Bilder aus dem Benin stammen von der Atlantikküste in der Nähe von Porto Novo. Sie zeigen die Ruinen von Häusern, die vom Meer zerstört wurden, denn die weltweit schmelzenden Gletscher lassen den Meeresspiegel ständig ansteigen.

Lange Stille folgte meinen Bildbeschreibungen. Ein Kind rief aus: „Das ist aber wirklich gemein." Wer ein Bildblatt mit nach Hause nehmen wollte, konnte sich von einem Stapel in der Mitte der Runde eines nehmen. Alle holten sich ein Blatt. Einer sagte noch, eher beiläufig: „Ja, die Reichen sind wirklich schuld daran", und er ergänzte: „Das sind doch viele bei uns hier auch."

Was tun? Was tun! Aber was denn?

1. Beispiele von Kindern in Porto Novo (Benin):
- Ich passe auf Pflanzen und Tiere auf.
- Wir pflanzen bei uns daheim Bäume.
- Ich werfe keine Abfälle in die Natur.
- Ich gehe lieber zu Fuß oder fahre mit dem Fahrrad.
- Ich lüfte mein Zimmer.
- Ich benutze Papier auf der Vorder- und auf der Rückseite.
- Ich wasche mich jeden Tag.
- Ich fege vor dem Haus.
- Ich schlafe unter einem Moskitonetz.
- Ich schalte den Fernseher aus, um unnötigen Stromverbrauch durch den Standby-Modus zu vermeiden.
- Ich werfe keine Batterien und keine Medikamente einfach weg.
- Ich weiß, wie man Kompost machen kann.
- Ich dünge meinen Garten mit Kompost.
- Ich vermeide Gefrierkost.
- Ich interessiere mich für medizinische Heilpflanzen.

2. Wir tun auch etwas:

- ....
- ....
- ....
- ....

3. Was wir zusammen tun können:

Aus dem Arbeitsblatt „Was tun? Was tun! Aktionen von Kindern im Benin (Westafrika) und hier"

Als alle wieder saßen, teilte ich das Arbeitsblatt „Was tun?" aus. Die Kinder begannen sofort, es von sich aus zu lesen, still oder halblaut, alleine oder zu zweit. Dann wurde es plötzlich wieder lebhaft in der Runde: Die einen fanden unter den Beispielen auch welche, die sie nachahmen wollten. Andere hatten Fragen wie:

- „Sind die so reich, dass sie daheim Bäume pflanzen können oder einen eigenen Garten haben?"
- „Was hat das Zimmerlüften mit Luftverschmutzung zu tun?" (Gelächter)
- „Wie funktioniert ein Moskitonetz, und wozu braucht man das?"

Das Thema „Gefrierkost" ergab eine gesonderte Debatte, weil einige darauf hinwiesen, dass sie ohne Gefrierkost kein Gemüse essen könnten, und das sei doch so gesund. Außerdem würden gefrorene Pizzas lecker schmecken und seien sehr praktisch, weil man sie selbst in den Ofen schieben könne, auch wenn die Eltern weg seien, etwa bei der Arbeit.

Unter „Wir tun auch etwas" trugen alle ihre eigenen Vorschläge ein. Es herrschte große Vielfalt, angefangen bei „Ich passe auf Pflanzen und Tiere auf" über „Ich werfe keine Abfälle in die Natur" bis hin zu „Ich gehe in die FSL und lerne etwas über den Klimawandel".

Sind Bäume in allen Kulturen und für alle Kinder ein Symbol des Lebens?

Und bei „Was wir zusammen tun könnten" angekommen, war sehr schnell klar: Alle wollten Bäume pflanzen und – wenn möglich – wollten sie sich mit den Kindern in Porto Novo austauschen, um zu sehen, was diese für Bäume pflanzen und wie diese dann wachsen.

… und hat es etwas gebracht?
David sagte mir im Treppenhaus, dass er seine bunt bemalten Arbeitsblätter daheim, bei sich, aufhängen werde.

Interkulturell voneinander und miteinander lernen

Jacob Léandre Sovoessi (Überarbeitung und Übersetzung: Hans Bühler)

Liebe Kinder,
meine herzlichen Grüße aus Porto Novo, der Hauptstadt des Benin!
Der Benin ist ein kleines Land, und wenn Ihr ihn finden wollt, dann braucht Ihr einen guten Weltatlas. Ich will Euch dabei ein wenig helfen: Dieses kleine Land liegt in Westafrika, im Norden wird es durch den großen Fluss Niger begrenzt. Im Nordwesten heißt unser Nachbarland Burkina Faso, im Westen befindet sich Togo und im Osten Nigeria. Im Süden bildet der Atlantische Ozean unsere Grenze. Die Gesamtfläche beträgt 114.763 km². Unser Land ist 700 km lang und mit einer Breite zwischen 125 und 325 km ziemlich schmal. Im Norden gibt es große Gebiete, die kaum bewohnt sind, zum Beispiel in Alibori, wo nur 20 Menschen auf dem Quadratkilometer wohnen. An der Küste hingegen, also im Süden, wohnen 8419 Menschen auf dem Quadratkilometer, das sind ziemlich viele! Insgesamt hat der Benin knapp 10 Millionen Einwohner.
Aber ich wollte Euch ja keinen Geografie-Unterricht geben, obwohl ich das gerne mache, denn ich war auch mal Geografie-Lehrer. Ich wollte Euch vielmehr von einem tollen Projekt erzählen, von der „Großen Schatztruhe für die Kinder der Zukunft", ein Projekt von Pierre und mir. Pierre Hoffmann aus Berlin hatte die Idee, ich habe das Projekt vom Februar 2006 bis März 2007 geleitet. Sicherlich fragt Ihr Euch, was das denn sei, eine Schatztruhe für die Kinder der Zukunft, denn in Schatztruhen werden doch meistens wertvolle Dinge aus der Vergangenheit aufbewahrt.

3.1 Die Schatztruhe der Zukunft
Wie es ihr Name schon sagt, ist die Schatztruhe zuerst einmal ein Möbelstück, ein Schrank aus Holz, wo verschiedene Botschaften, aber auch Kunstwerke von Kindern ausgestellt und aufbewahrt werden, und zwar für die Kinder, die im Jahr 2050, also in knapp 50 Jahren, geboren werden. Diese Botschaften kommen alle aus dem Alltag von Kindern aus den verschiedenen Regionen im Benin. Sie beschreiben, wie sie ihre Umgebung und die Welt sehen, was sie denken und fühlen, welche Hoffnungen sie haben.

Können Kinder überhaupt 50 Jahre vorausdenken?

Der Schrank ist nicht vier-, sondern fünfeckig, so wie die fünf Kontinente, zwischen denen es einen Austausch und einen Dialog für mehr Frieden für die ganze Welt geben sollte. Jede Seite ist 1 m breit und 1,80 m hoch. Die

Innenfläche beträgt 1,75 m². Der Schrank hat zwei Türen, die sich gegenseitig solidarisch unterstützen und durch die der Zugang zum Inneren des Schranks möglich wird.

Vielleicht ist es besser, wenn Ihr Euch hier das Foto von unserer Schatztruhe anschaut:

Die Schatztruhe der Zukunft

Im Inneren des Schranks gibt es verschiedene Ablagen für die Ausstellungsstücke der Kinder. Damit es im Schrank nicht dauernd dunkel ist, gibt es dort auch eine elektrische Lampe. Die Schatztruhe steht in einem der Museen von Porto Novo, im Museum Alexandre Sènou Adandé.

So große Ziele für Kinder, ist das nicht eine Überforderung oder sogar naiv?

Welche Ziele wollten wir mit der Schatztruhe erreichen?
Durch dieses Projekt soll erreicht werden, dass die Kinder miteinander über die Zukunft kommunizieren. Dabei sollen sie sich ihrer Unterschiede bewusst werden und ihre Werte den Kindern der Zukunft übermitteln.

Wir wollten insbesondere
- einen Beitrag zum Dialog zwischen den verschiedenen Generationen leisten
- die Intelligenz und Kreativität der Kinder fördern
- bei den Kindern ein Verantwortungsgefühl für die Zukunft wecken
- dabei auch ihre Ängste und Hoffnungen ernst nehmen
- auf die Entwicklung der Globalisierung positiv einwirken

Liebe Kinder, das war jetzt vielleicht ein wenig abstrakt. Doch Ihr habt das Recht zu wissen, wohin die Reise gehen soll.

Konkret ist es so abgelaufen:

- Zuerst hat es nationale und regionale Gruppen gegeben, die auch dafür gesorgt haben, dass Politiker, religiöse und traditionelle Führer mit dem Projekt einverstanden waren.
- Danach gab es Treffen mit Kindern von acht bis 15 Jahre in den verschiedenen Regionen.
- Vom 9. bis 11. Februar 2006 gab es im Songhai-Zentrum in Porto Novo ein Treffen, an dem Kinder, Lehrer und Schulleiter, Vertreter aus dem Erziehungsministerium, Filmemacher aus dem Benin und Deutschland teilnahmen.
- Nach diesem Treffen haben sich 38 Lehrer in 56 Schulen mit ihren Kindern an die Arbeit gemacht.
- Der Präsident der Republik Benin hat die Patenschaft für das gesamte Projekt übernommen.
- Zwischendurch gab es immer wieder Treffen zwischen den verschiedenen Gruppen.
- Zum Abschluss gab es im Dezember 2006 eine große Feier.
- Schließlich wurde die Schatztruhe feierlich ins Museum gebracht.

… und was ist in der Schatztruhe überhaupt drin?

Am Ende des Projekts wurden 178 Botschaften der Kinder für die Schatztruhe ausgewählt. Es gibt darunter Texte, Zeichnungen, konkrete Gegenstände (hergestellt aus Abfällen, aus Pflanzen, mit Sand, Lehm oder aus Plastik), traditionelle Lieder, Filme von Tänzen aus den verschiedenen Regionen des Benin und viele Fotos.

Damit Ihr Euch das besser vorstellen könnt, gebe ich Euch einige Beispiele:

Einige Beispiele der Botschaften in der Schatztruhe

1. „Jarre trouée" ist ein Wasserkrug mit vielen Löchern, der uns sagen soll: „Gemeinsam sind wir stark", könnt Ihr Euch vorstellen, wie?
2. gegen die Zerstörung der Bäume
3. Kinderhandel: Stopp!
4. Rauchen: Stopp!
5. die Beschneidung (von Mädchen)
6. der Frieden
7. Vorsicht mit AIDS!

8. gegen die Korruption
9. die heutige Karte des Benin und von ganz Afrika
10. Zangbeto, die traditionelle Polizei von Porto Novo
11. Kauri-(Muschel-)Kette
12. eine Feier zur Geburt eines Kindes
13. die Schuhe des berühmten Königs Behanzin von Abomey, so hieß der Benin früher. Er hat sich am Ende des 19. Jahrhunderts gegen die Kolonialisten aus Frankreich gewehrt.
14. Gehorsam gegenüber unseren Traditionen
15. Krankheiten, die durch verschmutztes Wasser entstehen
16. gegen die Abholzung der Wälder und den Dreck (in den Häusern und auf den Straßen)
17. gegen die Misshandlung von Kindern und gegen die Kinderarbeit
18. gesunder Tee
19. ein schönes Tablett
20. gegen Drogen
21. für den Schutz der Bäume
22. wie man „Tchoukoutou", einen traditionellen Wein aus dem Nord-Benin, herstellt
23. Statue mit Zwillingen
24. eine mit Sand beschriebene Tafel
25. die Töpferei
26. die Motorfähre
27. das Fischernetz
28. die medizinischen Spritzen
29. gegen die Umweltverschmutzung durch Plastiktüten
30. die kulturellen Unterschiede sind ein Zeugnis für unsere nationale Einheit, benutzen wir unsere Kulturen, um unser Land bekannt zu machen.
31. gegen den Tod von Menschen
32. gegen die Gewalt gegen Kinder, keine Kindersoldaten
33. Musikinstrumente
34. eine Schmuckschachtel
35. ein Sonnenschirm
36. Mädchen dürfen auch in die Schule
37. Aufklärung von Schülerinnen über eine vorzeitige Schwangerschaft

Und hier noch zwei Beispiele, damit Ihr Euch das besser vorstellen könnt: Aimée hat eine Skulptur aus Metalldraht gemacht. Gefällt sie Euch? Und Ferdinand hat eine wichtige Botschaft aufgeschrieben.

Metallskulptur von Aimée

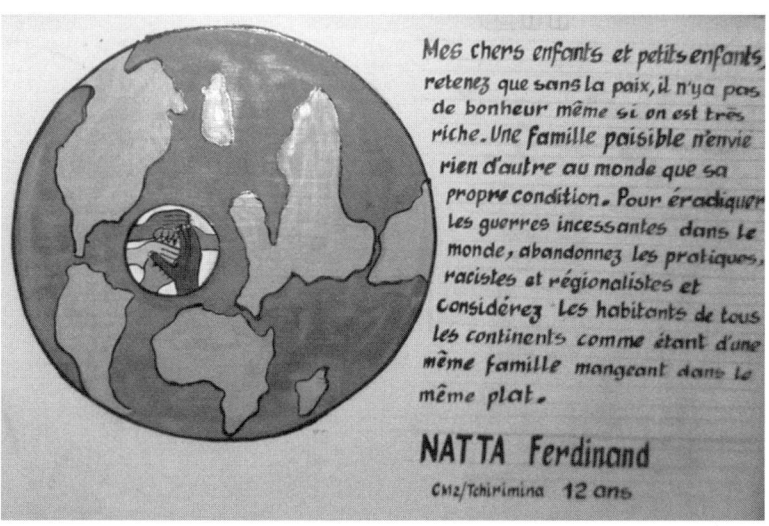

Mes chers enfants et petits enfants,
retenez que sans la paix, il n'y a pas
de bonheur même si on est très
riche. Une famille paisible n'envie
rien d'autre au monde que sa
propre condition. Pour éradiquer
les guerres incessantes dans le
monde, abandonnez les pratiques,
racistes et régionalistes et
considérez les habitants de tous
les continents comme étant d'une
même famille mangeant dans le
même plat.

NATTA Ferdinand
CM2/Tchirimina **12 ans**

Botschaft von Ferdinand

In der Schule wird im Benin Französisch gesprochen. Wir übersetzen Euch den Brief von Ferdinand, den er an die Kinder aus dem Jahr 2050 geschrieben hat:

„Meine lieben Kinder und Enkelkinder,
denkt daran, dass es ohne Frieden kein Glück geben kann, auch wenn man sehr reich ist. Eine friedliche Familie will nichts anderes als einen eigenen Platz zum Leben. Damit es keine endlosen Kriege mehr in dieser Welt gibt, müsst ihr selbst mit rassistischem Unfug und Ausländerhass aufhören. Denkt daran, dass alle Bewohner aller Kontinente wie aus einer Familie sind, die alle dasselbe essen."
Ferdinand Natta, 12 Jahre, 6. Schuljahr aus Tchirimina

Zu allem hier Aufgeführten gab es Berichte, aber auch einen Film, der eine Ko-Produktion von Productions SAGA (Benin) und Faust Film Projekt (Deutschland) ist. Falls Ihr ihn anschauen wollt, dann schickt mir eine E-Mail, meine Adresse findet Ihr am Ende meines Briefes.

Und wie geht es weiter?
Ich denke, dass dies ein gutes Beispiel ist, wie man mit Euch etwas zusammen machen kann: Kinder in Eurem Alter haben sich Gedanken gemacht, nicht nur über das, was jeden Tag so geschieht und nicht nur über das, was gerade Spaß macht, sondern sie haben gezeigt, dass auch Kinder sich so ihre Gedanken über die Zukunft machen und dabei noch schöne Dinge basteln können.

Wir werden die Schatztruhe noch durch eine nationale Ausstellung weiter bekannt machen. Außerdem werden wir im Museum die Geschichte und die Ideen, die zu diesem Projekt geführt haben, erklären.

Liebe Kinder,
auch wir Erwachsene haben etwas von den Kindern gelernt, nämlich, dass auch wir gemeinsam handeln müssen.

Gerne würde ich jetzt noch von Euch wissen,
- Wie ist es Euch bei diesem Projekt ergangen, was habt Ihr gefühlt und gedacht?
- Gibt es bei Euch auch ähnliche Projekte?
- Würdet Ihr Euch gerne mit Kindern im Benin darüber austauschen?

Falls Ihr mir schreiben wollt, würde ich mich darüber sehr freuen; meine E-Mail-Adresse lautet sovoessi@yahoo.com.

Vielen Dank, dass Ihr mir zugehört habt!
Und den Kindern der Zukunft ein dreifaches „Hoch sollen sie leben"!

Euer Jacob

3.2 Die Schokoladenwerkstatt
Winfried Kändler

Kinder mögen Schokolade. Schokocreme, Milch mit Kakao, Schokomüsli etc. gehören zum Alltag der Kinder. Doch woher kommt der Kakao, welche Wege legt der Schokoriegel zurück, wie wird Schokolade hergestellt, wer verdient an der Schokolade? In diesem Projekt gehen die Kinder auf einer Weltreise zusammen mit dem Äffchen „Schoko" diesen Fragen nach.

Der theoretische Hintergrund
Das Globale Lernen ist ein Bildungskonzept, das sich mehr und mehr verbreitet. Es trägt der Entwicklung Rechnung, dass wir in einer vernetzten und globalisierten, jedoch ungerechten und von der Ausbeutung von Ressourcen geprägten Welt leben. Globales Lernen möchte für diesen Sachverhalt ein Bewusstsein schaffen sowie Kompetenzen vermitteln, diesen neuen Herausforderungen begegnen zu können. Ein wichtiger Schwerpunkt ist dabei die Entwicklung von Handlungsansätzen, die auf einen verantwortlichen Umgang mit Ressourcen und die Veränderung ungerechter Verhältnisse zielen. Methodisch stützt sich das Globale Lernen auf anschauungs-, handlungs- und erfahrungsorientierte Vorgehensweisen, da Kinder und Jugendliche auf diese Weise zu einer authentischen und intensiven Auseinandersetzung mit dem jeweiligen Thema herausgefordert werden.

Die Zielgruppe
Kinder im Grundschulalter sind neugierig und offen für die Umgebung, in der sie leben. Gleichzeitig beginnen sich in diesem Alter jedoch auch bestimmte Anschauungen über die Welt zu festigen. Hier liegt demnach ein idealer Ansatzpunkt für das Globale Lernen. Die Neugierde und Offenheit können genutzt, Ideen von Gerechtigkeit und Solidarität den Kindern nahegebracht werden. Bedeutsam in diesem Zusammenhang ist es, hier Themen auszuwählen, die sich aus der Lebenswelt der Kinder ergeben, die den Kindern nicht von außen übergestülpt werden.

Kakao ist ein ideales Thema des Globalen Lernens in der Grundschule.

„Kakao" und „Schokolade" sind ein ideales Thema: Auf der einen Seite bietet es genau diesen persönlichen Anknüpfungspunkt – fast alle Kinder mögen Schokolade. Auf der anderen Seite weist das Thema aber auch die Verbindung der lokalen mit der globalen Dimension auf. Themenbereiche wie die Verknüpfung unseres Lebens hier mit dem Leben von Menschen auf anderen Kontinenten, globale Gerechtigkeit und mögliche Handlungsoptionen liegen nahe. Diese unterschiedlichen Aspekte und die vielfältigen

Möglichkeiten einer anschauungsorientierten Umsetzung rechtfertigen die Behandlung des Themas mit Kindern im Grundschulalter.

Das Projekt

Die Schokoladenwerkstatt ist ein Projekt, das sich für alle Grundschulklassen eignet. Es besteht aus abgeschlossenen Einheiten, die an einem oder auch an mehreren Tagen durchgeführt werden können. Realisiert werden kann das Projekt in der Schule, ein Ausflug in einen Botanischen Garten im Rahmen des Projekts wäre eine gewinnbringende Ergänzung (dazu Kapitel 3.3, S. 91).

Ziele

Bei der Formulierung der Ziele ist es wichtig, hier nicht zu hohe Ansprüche zu haben. Es geht nicht darum, die Welt zu verändern, sondern vor allem darum, die Neugier der Kinder für globale Themen zu wecken und sie langsam und schrittweise an die Probleme der globalisierten Welt heranzuführen. Der Schokoladenwerkstatt sind folgende Ziele hinterlegt:

Weniger ist mehr!

- Die Kinder sollen erkennen, dass es ein weiter Weg ist, bis die Schokolade bei ihnen ankommt.
- Die Kinder lernen die einzelnen Zutaten, aus denen Schokolade besteht, kennen und können die Materialien mit allen Sinnen erforschen.
- Die Kinder erleben, dass es bei der Schokoladenproduktion nicht immer gerecht zugeht, und entwickeln in diesem Zusammenhang ihr Verständnis von fair/unfair bzw. gerecht/ungerecht weiter.
- Die Kinder werden neugierig auf die große weite Welt.
- Die Kinder entwickeln beim Basteln ihre motorischen Fähigkeiten und beim Austausch über die Thematik und während der Präsentation ihrer Arbeiten ihre sozialen und kommunikativen Kompetenzen.

Kinder beim Schälen der Kakaobohnen

Vorbereitungen

Zur Vorbereitung des Projekts gehören zum einen das Material, zum anderen die Einarbeitung in die Thematik. Diese beiden Aufgaben verlangen einen relativ hohen zeitlichen Aufwand, der sich aber auf jeden Fall lohnt.

Die folgenden Materialien werden benötigt:

Das brauche ich für das Projekt.

- Plüschäffchen
- Weltkarte
- Bilder von der Wertschöpfungskette des Kakaos
- Bilder von anderen Pflanzen (bzw. echte Pflanzen, Früchte)
- Zutaten für Schokolade
- verschiedene Schokoladen
- Tuch zum Verbinden der Augen
- Rohkakaobohnen, Puderzucker, Vanillezucker, Kokosfett, Kekse, Schokolade zum Auflösen
- Mörser, kleine Schüsseln, Teller und Löffel, Herd, Kühlschrank, Töpfe, Schokoförmchen, Papier, Stifte, Scheren
- Blätter mit Transfair-Siegel (Umriss), kleine Plastiktütchen, Buch bzw. Plakate mit Motiven aus dem Regenwald

Diese Materialien und Hintergrundinformationen zum Thema können in allen „Weltläden" gefunden werden, darüber hinaus beim Weltladendachverband oder im Welthaus Bielefeld, bei Transfair und bei der Schokoladenaktion Aachen. Frei verwendbare Bilder sind zu finden unter http://commons.wikimedia.org/wiki/Main_Page, Rohkakaobohnen bei Homborg finest food in Minden (siehe auch unter http://www.theobroma-cacao.de/shop/ oder unter http://www.schokoteam-shop.de/), Kakaoschoten oft in Spezialläden, die ausländische Lebensmittel anbieten.

Der Rohkakao wird meistens ungeröstet verkauft, sodass es kurz vor Projektbeginn notwendig ist, die Kakaobohnen zu rösten. Dazu werden die Kakaobohnen bei circa 100 °C auf ein Blech im Backofen gelegt und immer wieder gewendet und bewegt. Sobald die Schalen leicht zu lösen sind und es intensiv nach Kakao duftet, sind die Bohnen fertig.

Der Raum für das Projekt sollte mit Pflanzen und Bildern gestaltet werden, die dem Thema des Projekts entsprechen. Dies sorgt für ein stimmungsvolles Ambiente, gemäß dem „Lernen mit allen Sinnen".

Ablauf

Die Erfahrung hat gezeigt, dass die Inhalte und Methoden an die jeweiligen Rahmenbedingungen wie z. B. Räumlichkeiten, Vorkenntnisse und Fähigkeiten der Kinder angepasst werden müssen. Von daher ist die Darstellung als Vorschlag gedacht, der sicherlich auch immer variiert werden kann und muss.

Ein Schüler beim Stampfen von Kakaopulver

1. Die Herkunft des Kakaos

In dieser Einheit begeben sich die Kinder auf eine Weltreise, tragen ihr Wissen zusammen und erfahren, wo Kakao wächst. Sie erleben mit allen Sinnen, welche Zutaten in eine Schokolade gehören können.

Zu Beginn sitzen die Kinder im Kreis. Das Äffchen Schoko, das die Kinder durch die fünf Einheiten begleiten wird, begrüßt sie. Bei älteren Kindern kann dieses spielerische Element wegfallen. Gemeinsam fliegen die Kinder nach Ghana, nach Mexiko, in die Elfenbeinküste, in ein Land, das die Kinder kennen und wo Kakao wächst. Zusammen mit den Jungen und Mädchen wird das Land auf der Weltkarte gesucht und gemeinsam überlegt,

- wie lange es dauert, bis man dort ist,
- wie man am besten dorthin gelangen kann
- und wie es in dem Land wohl aussieht.

Alternativ kann von vornherein auch ein spezielles Land ausgewählt werden, von dem dann in einer Präsentation Fotos gezeigt werden, um den Kindern einen Eindruck vom Land geben zu können. Wichtig ist hier sicherlich die Auswahl der Fotos, um kein einseitiges Bild zu vermitteln. Lehrreich und förderlich für den Abbau von Vorurteilen sind immer Fotos von Städten, die auf den ersten Blick unseren ähneln. Dann reagieren die Kinder oft so: „Ist das wirklich ein Land in Afrika oder Südamerika?" Es müssten demnach unterschiedliche Facetten des Landes gezeigt werden, also Aufnahmen von Menschen, vom Leben auf dem Land, Stadtansichten etc.

Nach der Ankunft im Land werden die Kinder auf eine Exkursion in den Regenwald mitgenommen. Sie sehen Bilder vom Kakaobaum, schauen eine Kakaoschote an. Dann überlegen sie zusammen, was denn noch alles in die Schokolade gehört: z. B. Zucker, Zimt, Chili, Vanille, Milch und Nüsse. Und sie überlegen, wo diese Dinge herkommen, ob es sie auch bei uns gibt oder ob sie nur im Regenwald wachsen. Für alle Zutaten liegen Anschauungsmaterialien zum Anfassen, Riechen und Anschauen bereit. Eine lohnende Alternative für diesen Teil ist eine Exkursion in einen Botanischen Garten mit einer Führung zum Thema Kakao und Schokolade.

Kinder erleben den Regenwald.

„Ein Hauch Gurke in der Schokolade"

Zum Abschluss der Einheit werden Kakaoprodukte probiert. Schokolade erhält ihren einzigartigen Geschmack von Aromen, die nach allem Möglichen schmecken – nur nicht nach Kakao oder Schokolade. Das haben deutsche Forscher nach umfangreichen Analysen festgestellt. Probiere man die Komponenten einzeln, schmeckten sie stattdessen nach Kartoffelchips, Schweiß, Pfirsichen, Gurken, gekochtem Fleisch. Der typische Schokoladengeschmack entstehe erst durch die Wechselwirkung der Aromen, behauptet Studienleiter PETER SCHIEBERLE von der Deutschen Forschungsanstalt für Lebensmittelchemie in München (SCHIEBERLE 2011, 22).

Für die Schokoladenprobe werden den Kindern die Augen verbunden. (Jüngere Kinder, die keine Augenbinde tragen möchten, können die Augen auch einfach schließen.) Die Kinder sollen raten, welche Schokolade bzw. welches Kakaoprodukt sie gerade probieren: Vollmilch, Zartbitter, weiße Schokolade oder Nuss sind mögliche Sorten. Es können aber ebenso exotischere Sorten oder Kakaopulver sowohl mit als auch ohne Zucker angeboten werden.

2. Vom Kakao zur Schokolade

Im Mittelpunkt dieser Einheit steht der Weg des Kakaos von der Kakaopflanze bis zu uns. Dazu werden die Bilder mit den einzelnen Stationen der

Produktionskette in die Mitte gelegt. Bilder mit folgenden Motiven sollten mindestens dabei sein:

- ein Kakaobaum
- eine Ernte mit Machete
- das Aufschlagen der Kakaoschoten
- das Ausbreiten auf und Abdecken mit Bananenblättern
- das Trocknen in der Sonne
- das Sortieren (Qualität)
- das Verladen in Säcke
- eine Landkarte mit Schiff
- die Herstellung von Schokolade
- der Verkauf

Die Kinder machen sich Gedanken darüber, was für die Schokoladenproduktion nötig ist. Die Fotomotive unterstützen sie dabei, die Wertschöpfungskette von der Pflanze bis zur fertigen Schokolade nachzuvollziehen. Die Herausforderung besteht darin, die einzelnen Motive in die richtige Reihenfolge zu bringen. Schoko, das Äffchen, hilft ihnen dabei und erklärt die Bilder.

Wenn die Reihenfolge stimmt, bekommt jedes Kind die Aufgabe, einen Teil des Weges kreativ darzustellen, damit ein gemeinsames Wandbild entstehen kann. Die Kinder können malen, ausschneiden oder basteln. Als Symbol für die Ernte könnte ein Kind beispielsweise eine Machete malen und ausschneiden, ein anderes Kind könnte eine Sonne und viele kleine Kakaobohnen basteln, die den Vorgang des Trocknens darstellen. Ein anderes Kind wiederum könnte ein Modell von einer Maschine zur Schokoladenherstellung und einem Schiff bauen oder auch einen Kakaosack herstellen – als Symbole für den Transport.

3. Der konventionelle und der „Faire Handel"
„Gerecht" oder „ungerecht"? Diese Frage steht im Mittelpunkt der dritten Einheit. Dazu wird eine Tafel Schokolade (mit 24 Stücken) in die Mitte gelegt. Aufbauend auf die vorherige Einheit überlegen die Kinder zunächst, wer denn alles daran beteiligt ist, bis diese Tafel Schokolade vor ihnen liegt, und wer daran etwas verdienen möchte. Zur Veranschaulichung und als Hilfestellung können das Wandbild und die Bastelarbeiten aus der vorherigen Einheit verwendet werden. Es sollten fünf Akteure herausgearbeitet werden, da eine größere Anzahl zu komplex wäre:

- die Kakaobauern (Produzenten)
- Transport
- Schokoladenfabrik
- Supermarkt
- und (unsichtbar) der Staat: Steuern

Die Kinder werden jetzt gleichmäßig auf die einzelnen Akteure aufgeteilt. Da sie alle an der Wertschöpfungskette beteiligt sind, wollen sie auch alle etwas von der Schokolade abbekommen. Entsprechend der folgenden Auflistung bekommen die einzelnen Gruppen auf kleinen Tellern den ihnen zustehenden Anteil.
- die Kakaobauern (Produzenten): 1 Stück
- Transport: 3 Stücke
- Schokoladenfabrik: 9 Stücke
- Supermarkt: 9 Stücke
- Steuern: 2 Stück

Exkurs: Reduktion der Komplexität im Globalen Lernen
Das eben beschriebene Vorgehen ist sicherlich eine Gratwanderung. Die vorgeschlagene Veranschaulichung stellt eine Vereinfachung der Realität dar, da bestimmte Kostenpunkte wie Zölle, Kosten für andere Zutaten, Verpackung etc. nicht extra berücksichtigt werden. Diese reduzierte Komplexität macht diese Methode natürlich auch angreifbar. Auf der anderen Seite, und das ist der entscheidende Punkt, kommt in dieser Methode die Ungerechtigkeit des Anteils am Gewinn aus dem Verkauf von Schokolade symbolhaft zum Ausdruck: Die Produzenten des Kakaos sind diejenigen in der Wertschöpfungskette, die am wenigsten von ihrem Produkt profitieren! Vor diesem Hintergrund ist die Vereinfachung auch zu rechtfertigen, da sie Komplexität zwar reduziert, jedoch – im Prinzip – nicht falsch wiedergibt.

Die Jungen und Mädchen werden nun aufgefordert, die Schokolade zu essen. Mit dem aufkommenden Protest – in dem Alter sind Gerechtigkeit und die Frage nach fair/unfair ein wichtiges Thema! – kann kreativ umgegangen werden. Die Kinder können nach Lösungen suchen: Soll die Schokolade fair aufgeteilt werden? Und wie kann sie fair aufgeteilt werden? Wenn es zu einer fairen Aufteilung kommt, sollte eine Schokolade mit dem Transfair-Siegel vorgezeigt und den Kindern erklärt werden, dass bei Schokolade mit diesem Siegel die Aufteilung gerechter ist. Als Abschluss bekommen die Kinder ein Blatt mit dem Umriss des Transfair-Siegels und können es ausmalen.

„Ich habe nur ein Stück Schokolade, und du hast neun. Das ist ungerecht!"

4. Selbstgemachte Schokolade

In dieser Einheit bieten sich zwei Methoden an, die alternativ oder ergänzend durchgeführt werden können.

Zum einen können die Mädchen und Jungen Schokolade im Wasserbad verflüssigen und in kleine Tierformen gießen. Die Kinder suchen sich ihr Lieblingstier aus. Anschließend werden die Formen zum Aushärten in den Kühlschrank gestellt. Die ausgehärteten Formen werden aus dem Kühlschrank geholt und in kleine Tüten verpackt. Die Kinder können sie mit nach Hause nehmen oder aber den Besuchern einer möglichen Ausstellung oder eines Elternabends schenken.

Zum anderen kann Schokolade selbst hergestellt werden, sicherlich die spannendere Methode für Kinder.

Man braucht für jedes Kind
- vier Kakaobohnen,
- einen halben Teelöffel Puderzucker,
- einen halben Teelöffel Vanillezucker (möglichst mit echter Vanille beziehungsweise Vanille plus Zucker) und
- etwas Kokosfett

Hmm, es duftet nach frisch gemahlenen Kakaobohnen! Die gerösteten Kakaobohnen werden zuerst mit den Händen geschält und im Mörser möglichst fein zerstampft. Der Vanillezucker und der Puderzucker werden hinzugegeben. Statt fertigen Vanillezucker zu verwenden, bietet es sich an, echte Vanille mit Zucker zu mischen. Die Kinder lernen bei dieser Gelegenheit den Eigengeschmack und das intensive Aroma der Vanille kennen. Die Zugabe von Puderzucker beeinflusst die Konsistenz der Masse und macht die Schokocreme „geschmeidig". Zum Schluss wird ein wenig flüssiges Kokosfett hinzugefügt. Alles wird verrührt, auf einen Keks gestrichen und gegessen.

5. Abschlussrunde

Am Ende des Projekts steht eine Ausstellung, die von Eltern oder anderen Schulklassen besucht werden kann. Die Kinder können durch die Ausstellung führen. Im Anschluss fliegen die Kinder wieder zurück nach Hause. Wichtig ist hier die Reflexion des Erlebten. Den Kindern sollte ein Austausch zu den folgenden Fragen ermöglicht werden:
- Was hat ihnen am besten gefallen?
- Was hat sie erstaunt, beeindruckt, überrascht?
- Was würden sie von dem Erlebten gerne an Dritte weitergeben?

Ganz zum Schluss verabschiedet sich Schoko, das Äffchen, von den Kindern.

Fazit

Der Schwerpunkt der Schokoladenwerkstatt liegt auf der Vermittlung der Wertschöpfungskette der Schokolade, einer kurzen Einführung in den Fairen Handel und seinen Hintergrund und nicht zuletzt auf dem sinnlichen Erleben von Schokolade. Das ist sicherlich nur ein kleiner Teil möglicher Themen. Über die hier vorgeschlagenen Inhalte hinaus können weitere Einheiten konzipiert und in das Projekt integriert werden. Die Themen Geschichte des Kakaos oder Kinderarbeit auf Kakaoplantagen bieten sich hier beispielsweise an.

3.3 „Eine Forscherreise: Was wächst in meinem Schulranzen?"

Johanna Lochner/Marina Hethke

„Eine Forscherreise: Was wächst in meinem Schulranzen?" ist ein Bildungsangebot für die Grundschule im Tropengewächshaus Witzenhausen. Unter 9 m hohen Bananenstauden und inmitten einer Kakaoplantage beschäftigen sich alljährlich Hunderte von Schülern mit tropischen Nutzpflanzen. Sie besuchen das Tropengewächshaus der Universität Kassel im Rahmen des Biologie-, des Politik-, des Religions- oder des Geografieunterrichts, da es hier einerseits Anknüpfungspunkte an die Unterrichtsvorgaben und den Alltag gibt und andererseits die Pflanzensammlung als außerschulische Lernumgebung einen guten Zugang zum Schlüsselthema „pflanzliche (Agrar-) Biodiversität" bietet.

Ein Botanischer Garten als außerschulischer Lernort

Zeichnung zum Projekt „Was wächst in meinem Schulranzen?"

Zu den Lernangeboten für alle Schultypen gehören Themenführungen, Rallyes, Rollenspiele und das Lernen an Stationen rund um die Themen Ökologie, Landwirtschaft und Nachhaltigkeit. Für die Grundschule gab es bisher leider kein Angebot. Die Projektarbeit der Studentin Johanna Lochner schloss diese Lücke. Das Staatliche Schulamt für den Landkreis Hersfeld-Rotenburg und den Werra-Meißner-Kreis unterstützte ihre Idee und stellte den Kontakt mit der Referendarin Sabrina Preiss aus dem Studienseminar Eschwege/Ernst Reuter Schule Neu-Eichenberg her. Gemeinsam entstand so das vierstündige Modul „Eine Forscherreise: Was wächst in meinem Schulranzen?" für die dritte und vierte Klasse der Grundschule. Für die Nachbereitung in der Schule wurde zudem eine Materialmappe zum Ausleihen entwickelt.

Was hat der (Schul-)Alltag mit Pflanzen zu tun?

Die Veranstaltung soll einerseits das Vertiefen einzelner Kompetenzen ermöglichen, vor allem aber den Blick der Kinder auf den vielfältigen Nutzen von Pflanzen lenken und die enge Verknüpfung von „ihren" Alltagsprodukten mit den Menschen und Pflanzen in anderen Teilen der Welt erfahrbar machen.

Das Modul entspricht inhaltlich und methodisch den Vorgaben aus „Bildungsstandards und Inhaltsfelder – das neue Kerncurriculum für Hessen" des Hessischen Kultusministeriums für die Grundschulen Hessens aus dem Jahr 2011.

Der Ablauf

Gleich nach der Begrüßung findet ein Erkundungsrundgang durch die Pflanzensammlung statt. Er ist als „Test der Sinne" konzipiert, denn, so erfahren es die Kinder, „forschen" kann nur jemand, der auch gut fühlen, riechen und beobachten kann.

Die Atmosphäre unter Palmen fördert die Lernfreude.

In mehreren kleinen Übungen werden verschiedene Sinne nacheinander isoliert, beziehungsweise in den Vordergrund gestellt. Die Kinder laufen als „Blinde Raupe", lenken als Abschluss ihre Blicke gezielt auf Bananenstauden, fühlen die weichen Fasern der Baumwolle, klopfen Steine und hören so das „Tropfen von Regen", riechen Duftpflanzen und schmecken Kakaobohnen. Durch diese Wahrnehmungsübungen in allen Teilen des Gewächshauses bekommen sie einen ersten Überblick über die Pflanzensammlung und sensibilisieren ihre Sinne. Dieser „Test der Sinne" fordert auch ein gewisses Vertrauen in die Leitperson, denn etwas Unbekanntes zu probieren und sich mit geschlossenen Augen in einer fremden Umgebung führen zu lassen, ist nicht selbstverständlich.

Alle Kinder erhalten nach diesem „Test" ihren persönlichen Forscherausweis. Hierdurch erfolgt eine Identifizierung mit der Aufgabe, und es ermöglicht das bessere Eintauchen in ihre Forscherrolle.

Die Forschergruppen

Nach einer spielerischen Einleitung in das Thema „Was wächst in meinem Schulranzen?" liegen in der Stuhlkreismitte sieben gezeichnete Pflanzensymbole mit jeweils einem Produkt aus dem Schulranzen:

Baumwolle – Federmäppchen	Banane – Banane
Kautschuk – Radiergummi	Kakao – Schokoriegel
Orange – Orangensaft	Kiefer – Bleistift
Zuckerrohr – Klebestift	

Im nächsten Schritt dürfen sich die Kinder in Gruppen einteilen und dann als Experten zu diesen sieben Produkten an diesen sieben Pflanzen forschen. Ausgerüstet mit einem Forscherrucksack pro Station und einem Forscherheft mit Klemmbrett, Bleistift sowie den Forschungsgenehmigungen für jedes Kind kann es mit dem Forschen losgehen.

Die Forschergenehmigungen sind angemalte Wäscheklammern. Die Kinder entscheiden selbst, wie lange sie an den einzelnen Stationen arbeiten. Sie können jederzeit ihre „Genehmigung" an einer Pinnwand abgeben und sich eine neue Genehmigung holen, um an einer anderen Station weiterzuforschen. Vorausgesetzt, es gibt eine Wäscheklammer, also eine Genehmigung, für den gewünschten Platz.

Die Kinder organisieren sich selbst!

Um „Experte für …" zu werden und den Forscherausweis ausgefüllt zu bekommen, müssen die Kinder allerdings ihre erste Station besonders gründlich bearbeiten. Erst nach der Überprüfung der Ergebnisse mit den Selbstkontrollbögen oder durch die Leitung erhalten sie ihren Expertentitel.

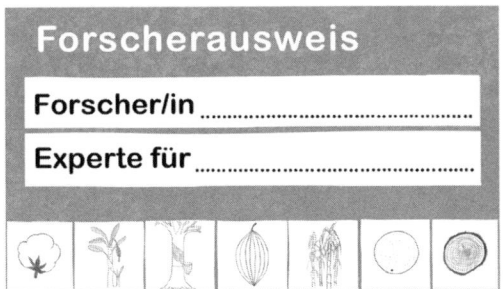

Persönlicher Forscherausweis für die Experten

Die Forscherarbeit

An den Stationen arbeiten die Kinder mit Forscherrucksäcken. Darin finden die Kinder einen Beutel mit Werkzeugen: eine Becherlupe, eine Pinzette, einen Zollstock und einen Spiegel. Sie haben den Auftrag, damit ganz genau ihre Pflanze zu untersuchen. Außerdem finden sie im Rucksack unterschiedliche Anschauungsmaterialien zur jeweiligen Pflanze und dem Produkt sowie eine Fotoreihe mit Texten, die sie in die richtige Reihenfolge bringen sollen. An dieser Stelle lernen sie ökologische, soziale und ökonomische Aspekte der Produktion kennen und bekommen einen Einblick, woher die Produkte stammen und wer sie herstellt.

Auch Pflanzen haben eine soziale oder politische Seite!

Der Forscherrucksack zur Station Baumwolle und sein Inhalt

Genauere Aufgaben, Platz zum Zeichnen und Anregungen, sich intensiv mit den Materialien aus den Forscherrucksäcken zu beschäftigen, liefert das Forscherheft, das jedes Kind selbst ausfüllen soll. Das Forscherheft liefert auch die Grundlage zur Weiterarbeit im Unterricht.

Diese Phase der Forscherarbeit spricht viele Kompetenzbereiche an. Durch die Möglichkeit, alleine oder in Gruppen zu arbeiten, müssen die Kinder selbstständig arbeiten und handeln, aber auch andere motivieren (Selbst- und Sozialkompetenz). Das Legen der jeweiligen Produktionsabläufe mit Fotos, Texten und Anschauungsmaterialien soll die Fähigkeit zur interaktiven Anwendung von Medien und Mitteln (Sach- und Methodenkompetenz) fördern.

Es war sehr spannend, bei den Testdurchläufen zu beobachten, wie viel Spaß es den Kindern bringt und wie stark sie diese Aufgabe motiviert. Sie dürfen tun, was sie für richtig halten, und in allen Klassen kam nach dieser doch relativ langen Arbeitsphase von ca. 50 min mindestens einmal die Frage: „Dürfen wir nachher weiterforschen?" Leider reicht dafür die Zeit nicht, denn auch Pausen sind wichtig.

Selber forschen motiviert!

Nach der Pause findet als „Energizer" ein Bewegungsspiel ähnlich dem Spiel „Obstsalat" statt. Alle Experten von jeweils einer Pflanze müssen ihren Platz tauschen, und immer einer geht leer aus. So kommen alle einmal in Bewegung und festigen gleichzeitig ihr Bewusstsein für die Expertenrolle.

Der Expertenrundgang

Für den anschließenden „Expertenrundgang" folgt zuerst ein kurzer Moment des Besinnens. Jedes Kind vervollständigt auf einem Blatt zwei Sätze zu seiner Pflanze. Danach dürfen sie sich nacheinander gegenseitig ihre Stationen vorstellen.

Expertenpräsentation an der Station Orange

Gemeinsam geht die Gruppe von Station zu Station. Die Experten stellen ihre Pflanze vor und berichten, was sie heute an dieser Station gelernt haben, bzw. was sie besonders beeindruckt hat. Außerdem können sie die Anschauungsmaterialien aus den Forscherrucksäcken zum Anfassen herumgeben. Diesen Rundgang, der viel Konzentration erfordert, lockern verschiedene kleine Experimente an verschiedenen Stationen auf. Die Experten dürfen ihren Klassenkameraden etwas zum Probieren geben, oder z. B. darf sich jedes Kind an der Station Baumwolle einen eigenen Baumwollfaden drehen.

Durch Lehren lernen: Kinder als Experten

Der Abschluss mit den Forscherurkunden

Mit der Frage „Was wächst denn nun in meinem Schulranzen?" kommt die Klasse auf das Einstiegsgespräch zurück. An dieser Stelle werden alle Forschungspflanzen nochmals erwähnt und letzte Fragen gestellt. Die Kinder geben durch eine Blitzlichtrunde kurz Rückmeldung und erhalten dann als Belohnung ihre Forscherurkunden.

Erprobung und Beurteilung

Nähere Informationen zum Modul sind erhältlich bei der Universität Kassel, Tropengewächshaus, Steinstraße 19, 37213 Witzenhausen tropengewaechshaus@uni-kassel.de

Insgesamt haben rund 100 Schüler der dritten und vierten Klassen von zwei Schulen an den Probeläufen teilgenommen. Die Lehrkräfte und die Kinder gaben durchweg positive Rückmeldungen. Die Arbeit hat allen Beteiligten viel Freude bereitet und das alltagsnahe Thema „Schulranzen" in seiner globalen Dimension erschlossen. Die teilnehmenden Kinder waren unglaublich kreativ und haben durch ihre Ideen viel zur Entwicklung des Angebotes beigetragen.

3.4 Multikulturelle Qualitätskriterien – Suchspuren in Kindergarten und Grundschule
Viola Raheb

Um meine Suchspuren besser verständlich zu machen, stelle ich einige biografische Informationen vorne an: Ich bin eine gebürtige Palästinenserin. Mein Studium der Erziehungswissenschaft und der Evangelischen Theologie habe ich in Deutschland absolviert. Danach habe ich als Schulrätin sieben Jahre lang das Schulsystem der Lutherischen Kirchen in Jordanien und Palästina geleitet. Nach meiner Eheschließung mit einem Wiener Künstler aus dem Libanon kam ich 2002 nach Österreich. 2004 wurde unser Sohn geboren und hatte somit schon ab dem ersten Tag die österreichische Staatsbürgerschaft. 2005 wurde ich österreichische Staatsbürgerin.

Bildung im Migrationskontext – eine Herausforderung für die Eltern

Multikulturelle Bildungsentscheidung: Mehrsprachigkeit

Schon sehr früh entschieden wir uns für eine zweisprachige Erziehung. Unser Sohn sollte sowohl unsere Muttersprache Arabisch als auch Deutsch lernen. Zu Hause haben wir deshalb nur Arabisch mit unserem Sohn geredet. Deutsch sprach er mit unseren Freunden, Verwandten oder Besuchern, aber auch, wenn wir Gespräche mit anderen führten. Deshalb haben wir ihn bereits ab dem zweiten Lebensjahr in einem Kindergarten angemeldet, wo er früh mit anderen Kindern seine deutsche Sprache entwickeln konnte. Die Suche nach dem Kindergarten war keine einfache Sache. Mit den vielen Internationalen Organisationen in Wien, der UNO, der OSZE, der Weltbank etc. gibt es viele sogenannte multikulturelle und internationale Kindergärten. Bei den vielen Besuchen blieb mir einer sehr gut in Erinnerung. Dort gab es zwei Gruppen, eine deutsche und eine englische. Als mir dann die Leiterin erklärte, wie sich der Kindergartenbeitrag zusammensetzt, war ich sprachlos, weil es so viele Extra-Beiträge für Computer, Musik, Englisch etc. gab. Als man mir sagte, das Bastelmaterial würde pro Semester 80 Euro kosten, fing ich an mir auszumalen, wie viel Geld er dann wohl für sein Studium an der Universität brauchen würde.

Wir entschieden uns für einen „normalen" Kindergarten ohne Extra-Angebote. Unser Sohn war nicht der Einzige in seinem Kindergarten, dessen Muttersprache nicht Deutsch war. Doch wir waren unter den Wenigen, wenn nicht die Einzigen, die stets mit ihm in seiner Muttersprache sprachen, auch im Kindergarten. Wie oft mussten wir uns den Satz anhören „Der Arme, ihr sprecht ja Arabisch mit ihm, wie soll er nur Deutsch können!" Und nach etwa einem Jahr, als sich herausstellte, dass unser Sohn der deutschen Sprache doch mächtig war, sagte eine Mutter mit eigenem Migrationshintergrund zu mir: „Ich habe mir ja wirklich Sorgen um ihn gemacht wegen der Sprache". Ihre Worte zeigten mir, wie schwierig das Thema Zweisprachigkeit sein kann.

Umgang mit sprachlicher und kultureller Vielfalt

Interkulturelle pädagogische Kompetenz

Als unser Sohn am Anfang Bücher, die er von zu Hause aus auf Arabisch kannte, auch im Kindergarten von rechts nach links umblätterte, sagte die Erzieherin zu ihm oft: „Du hältst das Buch falsch herum". Irgendwann habe ich mir erlaubt, sie darauf aufmerksam zu machen, dass es vielleicht hilfreicher wäre, ihm zu erklären, dass dies ein deutsches Buch sei. Denn dann wisse er, dass er es von rechts nach links umblättern solle.

Bilinguale Sprachlernmodelle oder stereotype Brandmarkung?

Im letzten Kindergartenjahr und bei einem Elternsprechtag wurde das Thema „Sprache und Wortschatz" angesprochen. Eine Erzieherin ließ dabei die schnelle und unglückliche Formulierung fallen: „Naja, man kann schon den Unterschied zwischen den Eingeborenen und den Kindern mit Migrationshintergrund spüren!" Was für eine pädagogisch wertvolle Bemerkung, dachte ich. Natürlich konnte ich es nicht lassen, diese Bemerkung zu kommentieren. Eine langwierige und heftige Diskussion fing an. Was mich am meisten überraschte, war, dass viele Erzieherinnen und Eltern danach auf mich zukamen und ihre Verwunderung über meine Reaktion zum Ausdruck brachten. Sie meinten: „Wieso fühlst du dich angesprochen? Dein Sohn ist doch ein Wiener, und sein Deutsch ist ausgezeichnet!" Ja, sie hatten recht, unser Sohn ist ein Wiener, doch der Kategorie „Eingeborener" ist er sicherlich nicht zuzuordnen! Migrationshintergund ist eine Variable bei der Erkundung des Wortschatzes des Kindes, aber nicht die einzige, denn der soziale, familiäre Bildungshintergrund der Eltern etc. spielen ebenso eine Rolle. Gleichzeitig wird oft unterschätzt, dass gerade zweisprachige Kinder einen größeren Wortschatz haben, der sich allerdings auf zwei Sprachen aufteilt, und daher nicht ohne Weiteres messbar ist. Hierzu erfordert es geschultes Personal.

Schulprofile – eine breite Suche vor Ort

Mit diesen und ähnlichen Erfahrungen fing die Suche nach einer geeigneten Schule an. Ich muss zugestehen, dass ich mir alle Schulen in unserem Bezirk wie auch einige der Nachbarbezirke angeschaut habe, bevor ich mich für unsere Schule entschied. Mir war es wichtig, dass mein Sohn an einer multikulturellen Schule, in der interkulturelles Lernen stattfindet, seine vier Jahre Grundschule machte. Doch was ist eine multikulturelle Schule genau?

Vielfalt leben statt singulärer Multikulti-Projekte

In meinen Besuchen an vielen Schulen wurde mir des Öfteren auf die Frage nach der Multikulturalität die Antwort gegeben: „Wir haben einen großen Anteil an Kindern mit Migrationshintergrund." Andere wiederum meinten, dass sie immer wieder Projektwochen zum Thema anböten. Doch ist es wirklich das, was eine multikulturelle Schule ausmacht? Nicht für mich! Daher entschied ich mich für eine Schule, die dieses Thema nicht wirklich groß auf ihre Fahnen schreibt.

Sensibler Umgang mit der Statistik, anderes Erfassen der realen Sprachkompetenz

Wir haben uns für die Stiftgasse im siebten Wiener Bezirk entschieden, eine öffentliche Schule der Stadt Wien mit ca. 250 Schülern. Wenn Sie die Schulleitung nach dem Prozentsatz von Kindern mit Migrationshintergrund fragt, dann ist die Antwort, diese sei in ihrer Statistik nicht erfasst. Dokumentiert werde allerdings der Anteil an Kindern mit anderen Muttersprachen als Deutsch, der in diesem Jahr bei ca. 20 % liege. Doch auch wenn die Schulleitung diese Information gibt, sagt sie dazu: „Vorsicht, diese Zahl ist nicht wirklich aussagekräftig, denn viele Kinder aus Mischehen mit einem Elternteil mit Deutsch als Muttersprache sind nicht erfasst!" Menschen, die diese sprachliche und kulturelle Komplexität an Schulen nicht zu reduzieren versuchen, sind mir sympathisch. Diese Schulleitung ist sich bewusst, dass ihre Schule nicht wirklich typisch ist für Wien. Nicht nur im Hinblick auf die Statistik, sondern auch im Hinblick auf den Bildungsstand der Familien, aus denen die Kinder kommen.

Multikulturelle Erziehung und interkulturelles Lernen ist kein Aushängeschild

Das Leitbild der Schule erwähnt an keiner Stelle das Wort multikulturelle Schule bzw. interkulturelle Bildung und Erziehung. Doch weshalb ist diese Schule für mich eine multikulturelle Schule, in der interkulturell sensibel gelernt wird? Sie ist eine anspruchsvolle Bildungseinrichtung mit sinnstiftendem und handlungsorientiertem Lernen. Eine multikulturelle Schule ist eine anspruchsvolle Schule, in der Bildung im Zentrum steht, in dem Kinder auf ihr Leben vorbereitet werden, Freude am Lernen entwickeln und kreative Handlungsmöglichkeiten erforschen – völlig unabhängig von multi-, trans- oder interkulturellen Bildungsplaninhalten.

Hohe diagnostische Kompetenz der Lehrperson, zügige individuelle Lernangebote

Erlauben Sie mir wieder bei der Zweisprachigkeit zu beginnen. In der ersten Schulwoche wurden wegen der Anmeldung zu außerschulischen Aktivitäten Informationsblätter an die Schüler verteilt. Da unser Sohn privat bereits viele solcher Aktivitäten besucht, habe ich ihn für keine von der Schule organisierten angemeldet. Am dritten Tag sprach mich seine Klassenlehrerin an. Sie wollte gerne, dass er sich für die Zeitungswerkstatt anmeldet – ein Angebot der Schule im Rahmen der Begabungsförderung der Schüler. Sie meinte, unser Sohn habe eine sehr gute und differenzierte Sprache und

Grenzen der
Statistik

einen breiten Wortschatz, weshalb sie ihn gerne als Klassenvertreter in die Schülerzeitung schicken wolle. Bemerkenswert fand ich, dass eine Lehrerin eine solche Beobachtung bereits nach drei Tagen machen kann. Später habe ich sie darauf angesprochen, wie sie zu dieser Erkenntnis gekommen sei. Sie meinte, die Worte, die er benutzt hatte, um etwas zu beschreiben, seien andere gewesen als die seiner Gleichaltrigen. Gleichzeitig besitze er mehrere Synonyme für ein und dasselbe Wort. So etwas konnte sie insgesamt nur bei drei oder vier Schülern beobachten.

Eine positive Zweitsprachlerntheorie als pädagogisches Fundament
Sie wusste, dass er zweisprachig ist. Als ich sie fragte, wie sie die Sache mit der Zweisprachigkeit sah, erklärte sie mir ihren Ansatz: Derjenige, der in seiner ersten Sprache gut sei, sei auch in Deutsch gut und werde wahrscheinlich ebenso in anderen Sprachen gut sein. Im Gespräch zur KDL (Kommentierte direkte Leistungsvorlage), wo wir, die zwei Lehrerinnen, unser Sohn und wir Eltern, gemeinsam zusammensaßen, um das Schuljahr zu resümieren und unser Sohn und wir Rückmeldung über seine Fortschritte im Schuljahr bekamen, wurde am Schluss die KDL unterschrieben. Unser Sohn hat kurz überlegt, in welcher Sprache er unterschreiben solle. Wir sagten ihm, er könne sowohl auf Arabisch als auch auf Deutsch unterschreiben, was er dann auch tat. Die Lehrerin schaute dabei zu und sagte anschließend zu ihm, welch große Leistung das sei, in einer anderen Schrift schreiben zu können, und bat ihn, ihren und den ihrer Kollegin auch auf Arabisch dazuzuschreiben, was er dann ebenso tat. Für unseren Sohn war das nicht nur eine Anerkennung seiner Fähigkeiten in der zweiten Sprache, sondern auch eine ermutigende und wertschätzende Rückmeldung seiner Lehrerin in einem Bereich, in den sie normalerweise keinen Einblick hat.

So sieht meiner Meinung nach ein positiver Zugang aus, der die Bereicherung der Vielfalt erkennt. Eine Perspektive, die Zweisprachigkeit als eine Chance und nicht als Hindernis betrachtet. Dabei fiel mir ein, dass eine unserer Bekannten, die ihre Tochter an einer anderen Schule im siebten Bezirk angemeldet hatte, die Multikulturalität großschrieb, darauf aufmerksam gemacht worden ist, dass ihre Tochter Schwierigkeiten in Deutsch hätte, die mit ihrer Zweisprachigkeit zusammenhingen. Was die Lehrerin versäumt hatte zu fragen, war das Niveau des Mädchens in ihrer ersten Muttersprache. Vielleicht hätte sie die Antwort dann auf die Idee gebracht, dass es sich hierbei nicht wirklich um Zweisprachigkeit handelte. Zweisprachigkeit als Hindernis bzw. Zweisprachigkeit als Erklärung für Defizite in der deutschen Sprache gerade bei Kindern mit Migrationshintergrund ist leider sehr verbreitet. Sie ist schnell gemacht, wirkt plausibel, lässt die Eltern oft mit schlechtem Gewissen zurück und raubt ihnen die Möglichkeit einer fachlichen Diskussion.

Vielfalt der Lebenswirklichkeit in Lerngängen und durch Experten erlebbar machen

Vielfalt und Unterschiedlichkeit, also Heterogenität, sind eine Bereicherung, kein Dogma an unserer Schule. Und sie sind im Alltag spürbar. Vielfalt nicht im Hinblick auf die Zusammensetzung der Kinder, sondern vielmehr bezüglich dieser Stadt, dieser Kultur, dieser Lebenskontexte. Was hilft es, wenn Kinder lernen, dass die Vielfalt in der Klasse vorhanden ist, aber weiterhin meinen, diese Stadt und diese Kultur sei einheitlich? Ich kann gar nicht zählen, wie oft unser Sohn bereits im ersten Jahr mit seiner Klasse im Museum war. Unterricht im Museum, egal welches, öffnet die Augen der Kinder für die schon immer vorhandene Vielfalt in diesem Kontext, und dies weltweit. Auch das Einbeziehen von Eltern in Schulaktivitäten ermöglicht eine andere Begegnung mit dieser Vielfalt. Es kommen Großeltern, die erzählen, wie sie damals gespielt haben und verdeutlichen dadurch, wie ihr Leben, ihre Welt damals aussah. Es kommen Musiker, Künstler, die den Kindern Lieder, Geschichten, Bilder aus anderen Kulturen näherbringen und mit den Kindern etwas Neues entwickeln.

Spürbare Heterogenität im Schulleben

Individuelle Förderung: Kooperation mit den Eltern zu Hause – Erziehungspartnerschaft

Eine multikulturelle Schule, in der interkulturelles Lernen gepflegt wird, ist eine Schule, die erkennt, dass individuelle Förderung im Zentrum der Erziehung steht. Im Leitbild der Schule heißt es: „Wir wollen die Stärken des Kindes früh erkennen und es in seinem individuellen Lernprozess begleiten und unterstützen." Ein schöner Satz, den wir des Öfteren lesen, aber ob er in der Praxis auch wirklich standhält? Unsere Erfahrung an der Schule sagt: ja. Unser Sohn liest gerne, vielleicht hängt es damit zusammen, dass wir konsequent seit seinem zweiten Lebensjahr extra für ihn einmal auf Deutsch, einmal auf Arabisch vorlesen und er eine große Sammlung an Büchern in seinem Kinderzimmer hat. Irgendwann meinte er, dass er gerne ein Buch mit in die Schule nehmen wolle, damit er lesen könne, wenn es ihm langweilig wird. Er leiht sich immer wieder Bücher aus der Schulbibliothek aus, aber immer wieder kommt er auch mit neuen Büchern zurück, die ihm seine Lehrerin entweder geschenkt oder zum Lesen mitgegeben hat. Sie weiß, dass er mit dem vorgegebenen Lesestoff allein nicht wirklich beschäftigt ist. Allein diese Erkenntnis ist uns Eltern viel wert. Dass Schule ihm immer wieder neue Angebote und Möglichkeiten anbietet, die an die Erfahrungen im häuslichen Umfeld anschließen, ist von unermesslichem Wert.

Umgang mit Heterogenität und individueller Förderung

Das Gleiche gilt für das Abschreiben von Texten – eine Übung, die unserem Sohn nicht sinnvoll erscheint: „Wieso soll ich einen Satz nachschreiben, der eh schon dasteht", fragt er. Während ich versuchte, ihm die Notwendigkeit der Übung zu erklären, gab ihm seine Lehrerin ein Heft, in das er eigene Geschichten schreiben durfte. Seitdem hat Schreiben für ihn einen Sinn. Individuelle Förderung in einer Integrationsklasse mit Kindern mit besonderen Bedürfnissen ist keine leichte Aufgabe, aber durchaus möglich – aber nur durch das Engagement der Lehrperson.

Schulgebäude gibt Raum und Anerkennung für vielfältigen Ausdruck

Das Schulgebäude ist nicht wirklich auffallend. Doch wer mit offenen Augen durch das Gebäude geht, erkennt einiges, was auf eine multikulturelle Schule und auf interkulturelles Lernen hindeutet. Von Schülern entworfene Plakate in anderen Sprachen, Berichte über andere Kulturen und Menschen, Bilder über die Vielfalt in Wien hängen an den Wänden der Treppenstiege.

Gemeinschaft über die Grenzen der Einzelschule hinaus pflegen

Bilder von den Schulpartnerschaften in anderen Ländern zeigen die Freundschaft über die eigenen Grenzen hinweg. Die Gemeinschaft ist nicht nur eine Gemeinschaft innerhalb der vier Wände dieser Schule, sondern erstreckt sich darüber hinaus.

Mein Resümee lautet: Die genannte Schule ist ein Exempel für eine multikulturelle Schule. Denn sie legt die Grundlagen für eine multikulturelle Gesellschaft von morgen – heute schon.

3.5 Lebensnah und beziehungsreich: Beispiele für Süd-Nord-Bildungspartnerschaften

Britta Kläsener/Sigrid Schell-Straub

	D	RUS	S	NL	J	P	F	KOR	N	E
ich (mein)		я(мой)	jag (min)	Ik (mijn)	私 (の)	eu (meu, minha)	je (mon)	나 (나의)	jeg min	yo mi
du (dein)		ты (твой)	du (din)	Jij (jouw)	あなた (の)	tu (teu, tua)	tu (ton)	너 (너의)	du din	ty tuyo
er (sein)		он (его)	han (hans)	Hij (zijn)	彼 (の)	ele (dele)	il (son)	어자 (그녀의)	han hans	el suyo
wir (unser)		мы (наш)	vi (vår)	Wij (onze)	私たち (の)	nós (nosso, nossa)	nous (notre)	남자 (그의의)	vi vår	nosotros
ihr (euer)		вы (ваш)	ni (er)	Jullie (jullie)	あなたたち (の)	vós (vosso, vossa)	vous (votre)	우리 (너희들)	dere deres	vosotros
sie (ihre)		они (их)	de (deras)	zij (hun)	彼ら (の)	eles (deles, elas delas)	ils (leur)	너희 (너희의)	de deres	ella ellos

Das „freundsprachliche Lexikon" der Albert-Schweitzer-UNESCO-Projekt-Grundschule in Viersen (HEITMEIER 2001, 28)

Die derzeit bestehenden Verbindungen zwischen Schulen in Deutschland und Schulen in anderen Teilen der Welt sind vielfältiger Natur. Sie unterscheiden sich durch Dauer (kurzfristig anlassbezogen bis langfristig und nachhaltig), Anzahl der Beteiligten (von zwei Partnerschulen bis zu Schulnetzen) und die Regionen der Welt, die beteiligt sind. Auch ihre Konzepte und Strategien (allgemeine und pädagogische Ziele, Einbettung in das Schulleben oder einen regionalen Kontext, Unterstützung durch externe Partner, Finanzierungsmodelle etc.) sind unterschiedlich. Dies spiegelt sich in einer Vielzahl von Bezeichnungen und Definitionen der Verbindungen und Beziehungen wider: Patenschaften, Projektpartnerschaften, Schulpartnerschaften, Schulvernetzungen, globale oder internationale Bildungspartnerschaften. Ein Aspekt prägte die Diskussion in den vergangenen Jahrzehnten in besonderer Weise: Die Verschränkung von Spendenwerbung, Informationsarbeit über Projekte im Süden und entwicklungspolitischer Bildungsarbeit. Fundraising, auch in Form von Patenschaften für Kinder der Partnerschule, kann das Bild der hilfsbedürftigen Menschen im Süden und eine damit verbundene paternalistische Denkweise verstärken (ASBRAND 2007).

Verschiedene Partnerschaftstypen

In diesem Beitrag konzentrieren wir uns auf Süd-Nord-Bildungspartnerschaften, die das Zusammenleben in einer vernetzten Welt in ihrer Lernpartnerschaft konkret erlebbar machen wollen, Interkulturelles Lernen fördern und ihre Beziehungen in den Kontext des Globalen Lernens und der Bildung für nachhaltige Entwicklung einbetten. Konkret bedeutet dies, dass die Partner, in unserem Fall Schulgemeinschaften an Grundschulen mit ihren Lehrern, Schulklassen, Eltern und gegebenenfalls außerschulischen Partnern, mittels gemeinsamer Projekte lernen. Im Rahmen der Partnerschaft werden gemeinsam Ziele definiert, Themen festgelegt, Aktivitäten entwickelt, im jeweiligen schulischen Kontext umgesetzt, ausgetauscht und reflektiert. Die Partner können lediglich über eine begrenzte Zeit an einem Thema arbeiten oder eine längerfristige Partnerschaft eingehen (LEONARD 2007, 22).

Globales Lernen und Bildung für nachhaltige Entwicklung

Chancen und Herausforderungen

Grenzüberschreitende soziale Beziehungen, Partnerschaften und Freundschaften im „globalen Dorf" aufzubauen, sowie der Wunsch, gemeinsam zu lernen und zu arbeiten, sind oft genannte Gründe für Bildungspartnerschaften. Lehrer und Schüler können sich über weite Distanzen hinweg kennenlernen, ihre Lebensstile, Interessen, Werte und Normen vergleichen und voneinander lernen. Ihre Lebenswelten und Bildungssysteme, eingebettet in die jeweiligen Kulturen und Länder, verschmelzen zeitweilig zu einem gemeinsamen Erfahrungsraum, ihrer „Partnerschaftswelt".

Voneinander lernen

Dieses Voneinanderlernen geschieht nicht nur auf Schüler-, sondern auch auf Lehrerebene. Ein Dialog über pädagogische Konzepte, das Schulprofil und nicht zuletzt die Bewältigung des Schulalltags kann beide Seiten bereichern. Die Kollegen im Norden können z. B. lernen, wie kreativ ihre Kollegen im Süden oft mit begrenzten Ressourcen zu unterrichten wissen. Für den Austausch ist von entscheidender Bedeutung, dass sich die Lehrkräfte vor allem zu Beginn über die Ziele des Interkulturellen Lernens Gedanken machen, einen Minimalkonsens für ihre Bildungsaktivitäten finden und im Falle einer längerfristigen Partnerschaft dazu eine Partnerschaftsvereinbarung unterzeichnen (MINISTERIUM FÜR LANDWIRTSCHAFT 2007).

Im Süden wird möglicherweise der Schwerpunkt darauf gelegt, durch die Partnerschaft eine bessere Grundbildung an der Schule im Sinne des Millenniumsentwicklungsziels 2 „Bildung für alle" zu erreichen und „viele Südpartner" streben hier deshalb auch eine finanzielle Unterstützung durch die Partner an. Für die Partner im Norden sind vielleicht die möglichst authentischen Informationen aus dem Partnerland und das gemeinsame Bearbeiten von Themen besonders wichtig. Das muss nicht, kann aber zu Widersprüchen und Konflikten führen, wie im Abschnitt Prinzipien zum Thema „Augenhöhe" ausgeführt.

Auf der Ebene der Schüler lassen wir uns durch die Worte von Erzbischof Desmond Tutu aus seinem Vorwort zum Beitrag „Toolkit of Good Practice – Opportunities and Challenges" der One World Linking Association inspirieren (siehe unter http://www.ukowla.org.uk/toolkitmain/toolkit.asp):

… the fostering of relationships through linking can alter for the better the way the world works and how people view others, within their own country and in different nations, so that togheter we can achieve a different and better world.   *(Desmond Tutu)*

… die Förderung der Beziehungen durch Vernetzung kann die Art und Weise, wie die Welt funktioniert und wie Menschen Andere in ihrem eigenen Land und in anderen Ländern sehen, positiv verändern, sodass wir gemeinsam eine andere und bessere Welt schaffen können.   *(Desmond Tutu)*

Für uns bedeutet dies: Die Beziehungen und Partnerschaften zwischen Schülern können dazu beitragen, dass sie Menschen in ihrem eigenen Land und in verschiedenen Ländern mit anderen Augen sehen und dass sie sich für die gemeinsame Vision einer anderen besseren Welt einsetzen können – eine friedlichere, gerechtere, die natürlichen Ressourcen schonende Welt.

Durch partnerschaftliche Aktivitäten und Beziehungen können die Ziele des Interkulturellen Lernens in besonders lebendiger, lebensnaher Weise gefördert werden.

Es folgt eine Tabelle zu den Zielen und den Chancen sowie Herausforderungen der Umsetzung bezogen auf Bildungspartnerschaften:

Verschiedene Perspektiven und eine gemeinsame Vision

Ziele	Chancen und Herausforderungen der Umsetzung bezogen auf Bildungspartnerschaften
Sprachen und vielfältige Formen der Kommunikation lernen und anwenden	In der **Muttersprache** schreiben, durch Lehrer oder außerschulische Ressourcepersonen **übersetzen** lassen, kurze Texte in einer Sprache verfassen, die beide Partner zu lernen beginnen, ein **Bildwörterbuch** über die wichtigsten Wörter und Redewendungen der lokalen Sprache(n) der Partner anlegen, eine eigene Piktogrammsprache, ein **„Freundsprachliches Lexikon"** entwickeln (ein nettes Beispiel findet sich zu Beginn dieses Artikels), sich über Gegenstände, selbstgemalte Bilder, Fotos, Foto- und Bildergeschichten, gefilmte Sketche, Rollenspiele oder Aufführungen und Musikclips austauschen. Oft bestehen Unterschiede, was die technische Ausstattung und den Zugang zum Internet betrifft. Gemeinsame Förderanträge können evtl. Abhilfe schaffen.
Themen und Problemstellungen gemeinsam bearbeiten	**Globale Themen** im Dialog bearbeiten, z. B. **Essen/Ernährung, Wasser, Klima, Gesundheit, Kinderrechte.** Die acht Millenniumsentwicklungsziele der Vereinten Nationen können impulsgebend sein. Es ist sicher eine Herausforderung, Themen zu finden, die in die Bildungspläne beider Partner passen und gleichzeitig an die Interessen der Kinder anknüpfen. Doch halten wir diese Suchprozesse für einen zentralen Bildungswert gemeinsamen interkulturellen Lernens.
Mit Komplexität umgehen lernen	Wo es möglich ist, in den Themen **Verbindungen zwischen lokalen Lebenssituationen und globalen Zusammenhängen** entdecken. Anlässlich internationaler Ereignisse, wie der **Fußballweltmeisterschaft**, oder auf der Spur von **Produkten** wie **Kakao/Schokolade** (siehe Kap. 4.2 oder 4.3), **Jeans** oder **Handys** können Grundschulkinder erste Erkenntnisse über die Verflechtungen und Abhängigkeiten der Weltwirtschaft bekommen.
Soziokulturelle und natürliche Vielfalt erkennen, respektieren und schätzen	Die **Lebenswelten und Lebensstile** der Partner in ihrer Vielfalt **wahrnehmen** und entdecken (Familie, Schule/Freizeit, Musik/Sport, biologische Vielfalt/Tiere/Pflanzen, Sicherheit/Erfahrungen mit Konflikten, Zukunftschancen/Wünsche für die Zukunft, Auswirkungen von Globalisierung/Kolonialismus …) Sich **austauschen** über: Was ist gleich/unterschiedlich? Was überrascht und fasziniert? Was ist fremd und irritierend? Wie kann das erklärt werden? Haben sich Klischees und Vorurteile gegenüber „Fremdem" relativiert?

Ziele	Chancen und Herausforderungen der Umsetzung bezogen auf Bildungspartnerschaften
Perspektivenwechsel kultivieren, die eigene Identität am „Fremden" spiegeln und weiterentwickeln	Wenn Irritationen bleiben, weil möglicherweise grundlegende eigene Werte in Frage gestellt sind: Können die Irritationen ausgehalten werden, und kann das thematisiert werden? Dies alles eröffnet Möglichkeiten, die **eigenen Standpunkte, Werte und Lebensstile zu hinterfragen und zu verändern.** Wichtig ist in diesem Zusammenhang, die Partner in ihrer Persönlichkeit und Einzigartigkeit anzunehmen, sich vor neuen Verallgemeinerungen zu hüten, und die Einsichten nicht vorschnell auf ganze Kulturen und Länder zu übertragen. Es ist eine große Herausforderung, Stereotype und Vorurteile zu hinterfragen und zu relativieren, anstatt sie durch den Austausch zu verstärken (Steinwachs 2009).
Empathie für andere entwickeln gemeinsam Handlungsmöglichkeiten für eine andere Welt entwickeln	Sind durch den Austausch persönliche Beziehungen entstanden und vertiefte Erkenntnisse bzgl. unterschiedlicher Lebensbedingungen und ungerechter Strukturen gewonnen, so können die Partner durch gegenseitige **Empathie** motiviert überlegen, welche **Schritte** im Norden wie im Süden machbar sind, um etwas zu ändern. Dazu gehört auch, das Gelernte im lokalen Umfeld auf der Schulhomepage, bei Schulveranstaltungen oder in der Gemeinde weiterzugeben, faire Produkte zu kaufen oder sich an internationalen Kampagnen zu beteiligen (Kick Forward 2006, 5).

Tabelle zu Zielen, Chancen und Herausforderungen bei Bildungspartnerschaften

Das Prinzip von Augenhöhe und Gleichberechtigung
Betrachten wir die Umsetzung folgender Prinzipien in der Praxis und einige damit verbundene Chancen und Herausforderungen.

Prinzipien
- **Augenhöhe** – ein möglichst gleichberechtigtes Geben, Nehmen und Teilen von Wissen und Ressourcen anstreben
- gemeinsame **Werte** wie Respekt, Fairness und Freundschaft festlegen
- größtmögliche **Partizipation** aller am gemeinsamen Partnerschaftsprozess
- den Partnerschaftsprozess immer wieder **reflektieren**.

(Weitere Gedanken dazu sind im „Toolkit" der One World Linking Organisation UKOWLA zu finden (http://www.ukowla.org.uk, „linking".)

Sich immer wieder um **Augenhöhe** und **gleichberechtigte Partnerschaft** bei sehr unterschiedlichen materiellen Voraussetzungen bzgl. Lehr- und Lernmaterial, Schulgebäude und Einkommensverhältnissen zu bemühen, stellt sicher eine der größten Herausforderungen dar. Bei diesen ungleichen

Bedingungen entsteht natürlich der Wunsch, dem benachteiligten Partner zu helfen bzw. den so augenscheinlich reicheren Partner um Hilfe zu bitten, selbst wenn sich die Partner auf „gemeinsames Lernen" als Hauptziel geeinigt haben. Hier gibt es keinen „Königsweg". Da es hier kein Patentrezept gibt, ist es entscheidend, über diesen Aspekt der Partnerschaft von Zeit zu Zeit gemeinsam zu reflektieren und die Gefahren des Hilfspaternalismus anzusprechen.

Lösungsansätze für das gemeinsame Lernen können sein:
- Förderanträge gemeinsam schreiben
- in den ersten Jahren der Partnerschaft auf Spenden verzichten
- den Wert des nicht-materiellen Austauschs von Wissen und der interkulturellen Erkenntnisse in die Waagschale werfen
- bei allen nicht-materiellen Aspekten der Partnerschaft wie der Auswahl von gemeinsam zu bearbeitenden Themen der Kinder oder auch dem Voneinander-Lernen der Lehrpersonen über Unterrichtskonzepte oder Klassenführung besonders auf Symmetrie achten
- Jahresthemen im Wechsel bestimmen. Schon allein die Begriffe, die gemeinsam für die Partnerschaft gewählt werden, können ein Signal setzen. Warum nicht hier von Süd-Nord-Partnerschaften reden, um ganz bewusst die Partner an erster Stelle zu nennen?
- vom Fairen Handel lernen: Warum sollten die Partner im Norden ihren Freunden im Süden nicht für die konkrete Partnerschaftsarbeit, wie z. B. über ein gemeinsames Thema zu recherchieren und Unterrichtsmaterial zu erstellen, einen fairen Lohn zahlen?

Pro	Kontra
Spenden und Hilfsprojekte sind	**Spenden und Hilfsprojekte**
– ein Ausdruck von Solidarität	– machen abhängig
– eine begrenzte Möglichkeit, Güter global umzuverteilen	– können Überlegenheit demonstrieren und Stereotype verstärken
– ein Beitrag zu MDG 2 „education for all"	– können nicht die Ursachen für die Ungleichheit und Ungerechtigkeit bekämpfen
	– laufen Gefahr, somit die bestehenden ungerechten Verhältnisse zu unterstützen, statt sie zu hinterfragen

Argumente für und gegen das Spenden im Kontext von Bildungspartnerschaften

Gemeinsame Werte?!

Gibt es sie überhaupt, universal gültige Werte, oder ist alles relativ, eben „typisch deutsch" oder „typisch melanesisch" oder …? Die wissenschaftliche Debatte hat gezeigt, dass man dabei in viele Zwickmühlen geraten kann. Konkrete Bildungspartnerschaften können zeigen, dass beides gilt, universal und kulturspezifisch. Konflikten bei Bildungspartnerschaften sind oft verschiedene Wertvorstellungen hinterlegt. Reflexionen über gemeinsame, aber auch unterschiedliche Werte sind ein unendlich großes *Wertereflexion als* interkulturelles Lernfeld, das sicher nicht frei ist von Konflikten und Irrita- *gegenseitige* tionen. Dies als Lernchance zu begreifen und den Perspektivenwechsel *Lernchance* dabei zu üben, kann anstrengend, aber auch gewinnbringend sein. Es ist offenkundig, dass dies auch ein konkreter Beitrag zu einem besseren Zusammenleben in unserer multikulturellen Gesellschaft ist.

Gemeinsame Werte, vor allem bei entstehenden Freundschaften, sind ein besonderer Schatz von Bildungspartnerschaften. Sie bestehen oft zwischen Kindern oder Jugendlichen weiter, auch wenn sie den schulischen Kontext längst verlassen haben. Sie sind der „Kitt" der Partnerschaftsaktivitäten und können helfen, Unwägbarkeiten und Dilemmata auszuhalten.

Partizipation

Die Partizipation aller Beteiligten schreibt sich leicht als Prinzip fest, enthält jedoch in der Praxis einige Stolpersteine. Um das langfristige Gelingen einer Partnerschaft sicherzustellen, sollte die Partnerschaft gut im Schulleben verankert sein.

Dazu sind folgende Aspekte wünschenswert (MINISTERIUM FÜR LANDWIRTSCHAFT 2007, 15):

- Bildung eines Kernteams (Lehrer, Schüler, Eltern) und Koordinatoren
- Information und Beratung in der Lehrerkonferenz
- Einbeziehung des Schulelternbeirats und der Schülermitverantwortung (SMV)
- Themen der Partnerschaft in Unterricht, Projekttage, AGs, Schulfeste etc. integrieren
- Verankerung im Schulprofil
- Fortbildungen für Beteiligte zu Schulpartnerschaften und Globalem Lernen

Es folgt ein Auszug aus der Homepage der Albert Schweitzer Schule, Viersen (aus http://www.albert-schweitzer-schule.hsnr.de)

Bereits 1992 wurden wir anerkannte unesco-projekt-schule. Die Vielfältigkeit der Menschen und Kulturen an unserer Schule, die uns die Chance gibt, anderen mit Toleranz zu begegnen und so ein friedliches Miteinander zu entwickeln, veranlasste uns zu dieser besonderen Profilbildung.

Die Lehrer und Lehrerinnen einer unesco-projekt-schule setzen sich für eine Kultur des Friedens ein. Sie vermitteln den Kindern Menschenrechte (Kinderrechte), Toleranz im Umgang mit anderen, Kenntnisse über das Leben in anderen Ländern und Bewahren der „Umwelt".

Durch Korrespondenz mit Kindern aus anderen Ländern mit Hilfe unseres „Freundsprachlichen Lexikons" lernt jede Klasse Sitten und Gebräuche.

Anreize zum Engagement für Schulpartnerschaften

Häufig geäußerte Probleme in bestehenden Schulpartnerschaften sind die begrenzten zeitlichen Ressourcen bzw. das Einzelkämpfertum motivierter Kollegen. Wie können andere mit ins Boot geholt werden? Der Mehrwert kann ihnen schmackhaft gemacht werden – z. B. mit folgenden Argumenten:

- Erwerb von Kompetenzen im Kontext von Bildung für nachhaltige Entwicklung
- authentische aktuelle Informationen vom Partner zu Themen des Unterrichts
- Erwerb von Sprachkompetenz
- Anwendung neuer Lernformen (handlungsorientiert, projektorientiert, …)
- Beitrag zum Schulprofil
- Mitwirken am multikulturellen Zusammenleben in der Schulgemeinschaft

Bereicherung und Begleitung durch außerschulische Partner

Außerschulische Partner wie Nichtregierungsorganisationen, die Presse, Parteien und Gewerkschaften wie die GEW, Kommunen und Kirchengemeinden können die Schulteams in ihrer Partnerschaftsarbeit unterstützen und somit auch zeitlich entlasten. Sie können beraten, thematische und methodische Impulse geben und den Reflexionsprozess begleiten, die Schulen mit themen- und länderbezogenem Unterrichtsmaterial versorgen und gegebenenfalls einen neuen Partner vermitteln.

Das bundesweite Programm „Bildung trifft Entwicklung" (siehe unter http://www.bildung-trifft-entwicklung.de) vermittelt externe Referenten, die über Ländererfahrung verfügen bzw. möglicherweise aus dem Partnerland kommen. Sie können entweder zu Einzelveranstaltungen eingeladen oder als interkulturelle Vermittler, Übersetzer oder Lernbegleiter einbezogen werden.

Beispiele: Grundschulen in West- und Zentralafrika – Schulen in Baden-Württemberg

Um Globales Lernen in Schulpartnerschaften möglich zu machen, entstand 1998 eine Kooperation zwischen dem Entwicklungspädagogischen Informationszentrum EPiZ in Reutlingen (siehe unter http://www.epiz.de), der Pädagogischen Hochschule Weingarten und dem „Réseau Ecole et Développement" RED, einem Netzwerk Schule und Entwicklung in West- und Zentralafrika. Mitglieder des RED sind engagierte Grundschullehrer an (kirchlichen) Pilotschulen in den Ländern Benin, Elfenbeinküste, Kamerun, Togo und Tschad (Grundschulen umfassen in diesen Ländern die ersten sechs Schuljahre). Sie setzen sich für eine umfassende, pädagogische Erneuerung ein. Globales, fächerübergreifendes und kontextbezogenes Lernen und Elemente der Freinet-Pädagogik gehören dazu. Für das EPiZ sind Schulpartnerschaften eine einmalige Chance, gemeinsam mit den Partnern im Süden interkulturell zu lernen und nicht nur über sie etwas zu lernen.

Kooperation mit Partnern im Süden

Die Beteiligten einigten sich zu Beginn auf eine gemeinsame Basis. Vier Prinzipien stehen dabei im Mittelpunkt:
* **Offenheit** für die jeweils andere (Schul-)Kultur
* **Gegenseitigkeit** im Sinne von gleicher Augenhöhe
* **Teilen** bezogen auf das Wissen hier wie dort
* gemeinsame **Reflexion** über die Kommunikationsprozesse

Mitarbeiter des RED und des EPiZ initiieren und begleiten Partnerschaften zwischen den afrikanischen Pilotschulen und Schulen in Baden-Württemberg nun seit 13 Jahren. Sie geben methodisch-didaktische Anregungen und bestimmen gemeinsam mit den Kollegen in Baden-Württemberg und in Westafrika Themen, die dann an allen Schulen bearbeitet werden. Im Jahr 2005 stand das von afrikanischer Seite gewählte Thema „Umwelt und Frieden" im Mittelpunkt. Was kann jedes Kind, jeder Erwachsene dazu beitragen, dass die Umwelt geschont und die Welt etwas friedlicher wird? Das beschäftigte alle gleichermaßen, und es war spannend, sich gegenseitig Aktionsideen und Lösungsmöglichkeiten mitzuteilen.

Themenbezogener Austausch

Dazu erhielten die Partner die methodische Anregung, Stofffahnen zu bemalen: eine für die Partner, eine für ein gemeinsames, nun 30 m langes „Umwelt- und Friedensband", das an unterschiedlichen Orten im Norden wie im Süden gezeigt werden kann. Im Jahr 2009 wurde es unter dem Motto „Ein Band – Eine Welt – Eine Zukunft" mehrere Wochen lang in der Volkshochschule Reutlingen der Öffentlichkeit zugänglich gemacht.

Bildausschnitte (EPiZ) aus den Fahnen zeigen die Vielfalt der Themen, Perspektiven und Zukunftswünsche der Kinder:

Zum Zwecke des Austauschs mit anderen Schulen wurde eine Bildersammlung mit ausgewählten Fahnenausschnitten, ergänzt durch didaktische Hinweise, unter www.epiz.de als Online-Material zur Verfügung gestellt.

 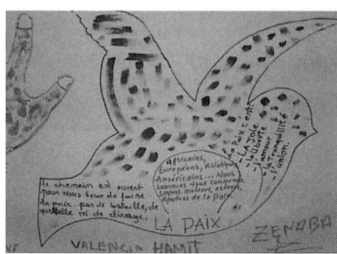 

Von rechts nach links: a) Symbole für den Wunsch, die Probleme mögen gemeinsam gelöst werden, b) für den Frieden c) Appelle, die Umwelt zu schützen

Schule UTAIM, El May, Tunesien – Christophorus-Schule, Bonn, Deutschland

Die Christophorus-Schule in Bonn ist eine Schule mit Förderschwerpunkt körperliche und motorische Entwicklung, die zurzeit von mehr als 200 Schülern besucht wird. Seit März 2002 pflegt die Christophorus-Schule eine Partnerschaft mit der Schule UTAIM in El May bei Djerba in Tunesien. Die Schule ist einem Zentrum für Menschen mit Behinderungen angegliedert. Den Anstoß für eine Schulpartnerschaft gaben die Schüler selbst, indem sie die Frage aufwarfen, wie Kinder und Jugendliche in anderen Ländern Schule und Alltag gestalten. Über die Deutsch-Tunesische Gesellschaft konnte dann auch der Kontakt zur UTAIM hergestellt werden.

Im März 2005 fand der erste Schüleraustausch von Tunesien nach Deutschland und umgekehrt von Deutschland nach Tunesien statt. Der Austausch konnte auch in den Jahren 2007 und 2008 realisiert werden. Die Begegnungen dienten dem gegenseitigen Kennenlernen und dem gemeinsamen Arbeiten unter dem Motto „Wir treffen uns, um gemeinsam zu lernen und zu arbeiten, und ich zeige dir, wie ich lebe, wo ich wohne, was ich gern mache…!".

Dies wurde in unterschiedlichen Workshops wie Filzen, Sticken, Musik und Tanz u. a. umgesetzt. Besonders positiv wurde der Schülerzirkus der Christophorus-Schule aufgenommen. In diesem Workshop stellten die Schüler ihren Partnerschülern verschiedene Zirkusmaterialien vor und studierten gemeinsam eine kleine Aufführung ein. Aus Sicht der Schüler wurden durch die gemeinsamen Aktivitäten auf beiden Seiten ungeahnte

Gemeinsame Workshops und Projektarbeit

Fähigkeiten entdeckt. Ebenfalls fand durch das gemeinsame Werken und Produzieren ein intensiver Austausch statt, der dazu beitrug, die eigene Perspektive zu erweitern. Bei der anschließenden Präsentation gegen Ende des jeweiligen Aufenthalts erfuhren die Schüler Anerkennung und Wertschätzung für das Produzierte, was die erlebte Gemeinschaftlichkeit zusätzlich stärkte.

Derzeit befindet sich die Partnerschaft im dritten Begegnungszyklus „Ihr zeigt uns eure und wir zeigen euch unsere Hauptstadt". Darüber hinaus treffen sich deutsche und tunesische Kollegen auf dem fast jährlich stattfindenden sonderpädagogischen Kongress der Partnereinrichtung UTAIM.

Resümee

Beide Beispiele zeigen die positiven Seiten und den wechselseitigen Gewinn der Lernpartnerschaften auf. Partnerschaften eröffnen Lern- und Erfahrungsräume, die zu Horizonterweiterung, Toleranz, Respekt und Empathie *Wichtige Faktoren* zwischen den Beteiligten führen können. Gemeinsame Aktionen für eine *in der Partnerschaft* andere gerechtere Welt können im Idealfall daraus erwachsen. Die entstandenen Beziehungen und Freundschaften und der Spaß am Austausch sind kein Garant, aber ein guter Nährboden für Engagement.

Ungleiche Lebens- und Lernbedingungen, unterschiedliche soziale und politische Kontexte, unterschiedliche Bildungspläne und Unterrichtsmethoden, verschiedene Wertesysteme, und die Gefahr, Stereotype zu verstärken, sind große Herausforderungen. Hinzu kommen praktische sowie organisatorische Probleme wie die Frage der Finanzierung der Aktivitäten, Fluktuation der Lehrerschaft, unterschiedliche Verteilung von Ferien und Prüfungsperioden im Jahreswechsel oder die langwierige Kommunikation per Postweg.

Deshalb erfordern Süd-Nord-Bildungspartnerschaften viel Geduld, Zeit und einen sehr langen Atem. Trotz dieser Schwierigkeiten wollen wir allen Mut machen, sich auf Süd-Nord-Bildungspartnerschaften einzulassen.

Ein afrikanisches Sprichwort besagt:
„Eine ruhige See macht keinen erfahrenen Seemann."

4 Medienempfehlungen zum Globalen und Interkulturellen Lernen

Giang Vu / Sigrid Schell-Straub

In Anbetracht unserer gesellschaftlichen Entwicklung, die durch Migration, Globalisierung und schnellen Wandel gekennzeichnet ist, wachsen unsere Kinder in einer Welt auf, in der sie durch Medien, auf der Straße und auch im Klassenzimmer mit den oben genannten Prozessen konfrontiert werden. Zum einen kann dies als Bedrohung der Tradition, der Stabilität und Wertevorstellungen betrachtet werden, zum anderen können die komplexen Vorgänge auch als Chance für neue Erfahrungen und reflektierte Auseinandersetzung mit der realen Welt gesehen werden. Wie auch immer die *Frühzeitige Vorbe-* Bewertung ausfällt, unsere Kinder werden früher oder später die Bedro-
reitung auf das hungen, aber auch die Chancen der vielschichtigen Welt erleben. Die Vor-
Leben in unserer bereitung auf diese Situation kann nicht früh genug stattfinden. Sowohl
globalisierten Welt Eltern als auch Lehrer sollten sich daher verstärkt dafür einsetzen, um die Kinder auf diese komplexen Prozesse vorzubereiten. Nun ist es schon für Eltern und auch Lehrer fast unmöglich, all die lokalen und globalen Verknüpfungen zu erkennen und zu begreifen. Wie sollen wir dann diese Kompetenzen bei Kindern und Schülern angemessen fördern?

Inwiefern Eltern in ihrer Erziehung die Prinzipien des Globalen Lernens berücksichtigen („Globales Lernen" ist der Oberbegriff, der „Interkulturelles Lernen" in der Grundschule mit einschließt), und wie sie das tun, liegt nicht in unserem Blickfeld und schon gar nicht in unserer Beurteilung. Es liegt jedoch in unserem Interesse, Grundschullehrer in ihrem Engagement, Globales Lernen in den Unterricht einzubeziehen, zu unterstützen.

Um Prozesse des Globalen Lernens in der Schule anzustoßen, benötigt die Lehrperson nicht nur die dazugehörigen Kompetenzen, sondern auch
Materialien müssen geeignetes Unterrichtsmaterial. Dabei ist nicht jedes Unterrichtsmaterial,
passen. das sich mit globalen Themen und anderen Kulturen auseinandersetzt, dafür geeignet. Unterrichtsmaterial zum Globalen Lernen soll unter anderem keine Stereotypen oder Klischees bedienen, sondern die Schüler auf angemessene Weise für globale Zusammenhänge sensibilisieren. Ob Didgeridoos und Kängurus in Australien, „Eskimos" und Eisbären in Grönland, Baseball und Cowboys in Amerika oder einfach die „wilden Naturvölker": Mit solchen Bildern lässt sich zwar leicht arbeiten, und man greift womöglich auf Vorwissen der Schüler zurück. Aber kritisch betrachtet, rückt der/das „Fremde" weiter von den Schülern (und auch den Lehrern) weg und

wird auf seine exotischen Besonderheiten reduziert bzw. darin bestätigt. Es lässt sich wahrscheinlich nicht vermeiden, dass diese Stereotypen und Klischees von Schülern und Lehrern in den Unterricht ein- und mitgebracht werden. Ein wichtiger Bestandteil Globalen Lernens ist es, diese Weltanschauungen zu respektieren, hier aber gezielt darüber zu reflektieren und verzerrten Bildern über Menschen und deren Kultur Vorschub zu leisten.

Globales Lernen soll zum einen die Perspektive anderer Kulturen in ihrer Vielfalt, aber auch in den Gemeinsamkeiten beleuchten und den Bezug zu dem eigenen Leben herstellen. Nur wenn wir uns zum Beispiel mit Ana aus Brasilien identifizieren können, und nur wenn wir eine Verbindung beispielsweise zu Naki aus Ghana erkennen, können wir dauerhaft unsere Perspektiven wechseln und über unsere eigene Handlungsweise reflektieren. Unter diesen Aspekten wurden im Jahr 2007 (Venro Jahrbuch 2007/2008) Beurteilungskriterien für geeignetes Unterrichtsmaterial zum Globalen Lernen von der „Pädagogischen Werkstatt" erarbeitet. Neben den üblichen Kriterien für Unterrichtsmaterial werden im Folgenden die wichtigsten für das Globale Lernen genannt. Die einzelnen Kriterien können sicherlich nicht alle gleichzeitig in gleicher Weise berücksichtigt oder umgesetzt werden. Sie müssen vom didaktischen Kontext des eigenen Unterrichts abhängig gemacht werden.

Welche Kriterien sind zu beachten?

4.1 Beurteilungskriterien

1. Inhaltliche Qualität	
1.1 Globaler Kontext	– Sachverhalte werden hinsichtlich ihrer Auswirkungen auf globale Interdependenzen und auf die Lebenssituation der Menschen im Süden wie auch in unserer eigenen Gesellschaft dargestellt.
1.2 Dimensionen der Analyse	– Die Sachanalyse berücksichtigt soziale und ökonomische, kulturelle, ökologische und politische Aspekte. – Die Sachanalyse versucht, die verschiedenen Dimensionen und ihre Interdependenzen zusammenzubringen und vernetztes Denken zu fördern. – Die Sachanalyse reflektiert die notwendige didaktische Reduktion in komplexen Themenfeldern.
1.3 Perspektivenwechsel	– Die Sachanalyse zeigt die Tatbestände aus unterschiedlichen Perspektiven von Betroffenen und Beteiligten. – Die Sachanalyse bemüht sich in besonderer Weise um die Perspektive der Armen.
1.4 Gender-Perspektive	– Darstellungen und Sprache sind gender-sensibel.
1.5 Bezug zur eigenen Lebenswelt	– Beziehungen zur eigenen Lebenswelt („Was habe ich damit zu tun?") werden dargestellt und reflektiert.

1. Inhaltliche Qualität – Fortsetzung	
1.6 Vielseitigkeit und Ethik	– Die Sachanalyse setzt auf eigene Meinungsbildung und vermeidet Indoktrination oder einseitige Manipulation. – Kontroverse Sachverhalte oder Sichtweisen kommen zur Sprache. – Zielkonflikte werden angesprochen und reflektiert. – Texte und Bilder in den Materialien verzichten auf jegliche Diskriminierung, insbesondere auf rassistische oder menschenrechtsfeindliche Positionen. – Darstellung und Beschreibung der Menschen in den „Entwicklungsländern" verletzen nicht deren Menschenwürde.
1.7 Aktualität	– Die Sachanalyse verwendet zeitnahe empirische Daten und reflektiert den aktuellen Stand der politischen und wissenschaftlichen Diskussion. – Der Zeitpunkt, zu dem die Materialien erstmals erarbeitet und veröffentlicht wurden, ist erkennbar.
1.8 Bildungsmaterial	– Die Materialien stellen Lernprozesse des Globalen Lernens in den Mittelpunkt und sind keine (versteckte) Spendenwerbung für bestimmte Hilfswerke.
1.9 Quellentransparenz	– Die wichtigsten Aussagen des Materials werden durch Quellenangaben und Fundstellen belegt.

2. Anschlussfähigkeit und Transparenz	
2.1 Didaktische Analyse	– Die Unterrichtsmaterialien begründen die gewählten Lernziele und ihr didaktisches Vorgehen. – Die Lernvoraussetzungen und das Lernumfeld (z. B. Vorerfahrungen, Kontexte) der Lernenden werden reflektiert.
2.2 Lernziele	– Die Lernziele (z. B. der angestrebte Kompetenzerwerb) des Materials werden benannt und begründet.
2.3 Zielgruppe	– Die Zielgruppen, für die das Material gedacht und geeignet ist, werden explizit genannt.
2.4 Fächerbezüge	– Anknüpfungspunkte für Fächer und wissenschaftliche Disziplinen werden reflektiert und dargestellt. – Vorschläge für das Einbringen des Materials in andere Kontexte (z. B. naturwissenschaftliche Fächer, Sport, Sprachunterricht etc.) werden eingebracht. – Fächerverbindende Zugangsweisen werden empfohlen und aufgezeigt.
2.5 Weiterarbeit	– Die Materialien machen Vorschläge zur weiteren Beschäftigung mit den Themen (z. B. Zugang zu vertiefenden Informationen, Anknüpfungspunkte für Aktionen und Engagement).

Aus Jahrbuch Globales Lernen 2007/2008, 42 – 45; Quelle: Pädagogisches Werkstattgespräch entwicklungspolitischer Organisationen p. A. Welthaus Bielefeld

3. Didaktische Qualität/Methoden	
3.1 Zielgruppen-orientierung	– Die Materialien knüpfen an Erfahrungen und Orientierungen ihrer Zielgruppen an. – Sprache und Diktion der Materialien reflektieren die Bedürfnisse der Zielgruppen.
3.2 nachhaltige Lernprozesse	– Die Materialien unterstützen durch die vorgeschlagenen Lernformen eine selbstständige Aneignung des Lernstoffs. – Eine eigenständige Reproduktion des Gelernten und ein Transfer des Gelernten in andere Zusammenhänge werden angeregt.
3.3 Werthaltungen	– Die Materialien fördern die Bereitschaft, auch emotional Anteil zu nehmen am Schicksal anderer Menschen. – Die Materialien unterstützen die Bereitschaft zur Solidarität und zur Übernahme von Mitverantwortung für die gerechtere Gestaltung der Einen Welt. – Zielkonflikte und Interessensgegensätze werden nicht verschwiegen, sondern sind Anlass für die Suche nach einer fairen Konfliktbewältigung.
3.4 Handlungs-perspektiven	– Möglichkeiten, etwas zu tun (persönlich wie politisch), werden in einer den Zielgruppen angemessenen Weise aufgezeigt. – Die Reichweite dieses Engagements wird reflektiert. – Die Materialien verzichten auf eine Spendenwerbung ausschließlich für die Herausgeberorganisation.
3.5 Vielfalt der Lernformen	– Die Materialien machen Vorschläge für verschiedene Lernformen in den unterschiedlichen Kontexten. – Die vorgeschlagenen Methoden sind den angestrebten Zielgruppen und Verwendungszwecken angemessen.

4. Gestaltung/Nutzerfreundlichkeit	
4.1 Gliederung und Aufbau	– Die Materialien sind klar gegliedert und gestatten einen raschen Überblick über die Struktur der Darstellung.
4.2 Funktionale Differenzierung	– Informationsteile und Arbeitsmaterialien werden unterschieden. – Schülerarbeitsblätter werden schülergerecht erläutert und gestaltet.
4.3 Layout	– Die äußere Aufmachung ist attraktiv und lesefreundlich. – Texte werden durch Illustrationen, Schaubilder u. Ä. ergänzt. – Arbeitsblätter und Kopiervorlagen sind tatsächlich auch reproduktionsfähig oder sind in elektronischer Form verfügbar.
4.4 Bezugsmöglichkeiten	– Die Materialien sind auf einfache Weise (E-Mail, Telefon, Post) zu bestellen und auch erhältlich.
4.5 Kosten	– Die Kosten des Materials spiegeln ein angemessenes Preis-/Leistungsverhältnis wider.

Aus Jahrbuch Globales Lernen 2007/2008, 42–45; Quelle: Pädagogisches Werkstattgespräch entwicklungspolitischer Organisationen p. A. Welthaus Bielefeld

4.2 Bücher, Filme, Lernkisten
Giang Vu/Sigrid Schell-Straub

Im Folgenden stellen wir eine kleine Auswahl an Medien vor, die nach oben genannten Kriterien ausgesucht wurden.

- **Eine Welt in der Schule**
  Herausgegeben von Rudolf Schmitt, Andrea Pahl, Wolfgang Brünjes (2005)
  Hemsbach: Druckhaus Beltz.
  Geeignet für alle Klassenstufen der Grundschule. Die Zeitschrift kann unter http://www.grundschulverband.de sowie über den Grundschulverband bezogen und abonniert werden.

Sammelband zu Informationen und Umsetzungsbeispielen zu Themen des Globalen Lernens

„Eine Welt in der Schule" ist ein Sammelband einer Zeitschriftenreihe, die auf eine 25-jährige, erfolgreiche Projektarbeit zurückzuführen ist. Der Sammelband beinhaltet eine Einführung in allgemeine Fragen zum Themenbereich „Eine Welt", mit Informationen über Einstellungen von Kindern und Jugendlichen gegenüber „Fremden" und Tipps zum Einstieg in die Thematik. Im zweiten Teil des Sammelbands befindet sich eine große Auswahl an besonders bewährten Unterrichtsbeispielen, die neben wichtigen Themen auch verschiedene Länder abdeckt. Zum Abschluss bietet das Buch eine umfangreiche Sammlung von Materialien zum Themenbereich „Eine Welt". Buch und Zeitschrift bieten eine Vielzahl vielfältiger Unterrichtsanregungen an.

Weitere Informationen und Unterrichtsmaterialien finden sich unter http://www.weltinderschule.uni-bremen.de.

- **Die Welt in unserer Schule**
  Globales Lernen in der Grundschule im Rahmen der Bildung für nachhaltige Entwicklung
  Von Gisela Führing und Annette Kübler (2009)
  Berlin: ASET
  Geeignet für Klassen 1 – 6, Heft und CD-ROM, 72 Seiten. Bezug über http://www.aset-ev.de

42 erprobte Unterrichtseinheiten mit CD-ROM

Das Heft ist eine nützliche Sammlung guter Ideen, die überall im Grundschulbereich eingesetzt werden können. Es beinhaltet 42 Unterrichtseinheiten, die aus eigenen Unterrichtserfahrungen stammen. Eine beigefügte

CD unterstützt die praktische Arbeit. In der Einführung werden die Kern- und Teilkompetenzen des Orientierungsrahmens der KMK erläutert. Die Unterrichtsentwürfe sind gegliedert in „Identität und Vielfalt", „Produkte unseres Alltags", „Unser Weltbild", „(Un-)gerechte Welt", „Wasser weltweit" und „Nachhaltiger Lebensstil". Zu den einzelnen Entwürfen werden u. a. Zielgruppe, Zeitbedarf, Methoden und Materialien näher beschrieben. Vor allem die Kürze der Einheiten macht die Vorschläge in den unterschiedlichsten Kontexten verwendbar.

- **Afrika – Eine Projekt-Werkstatt**
  Von Katrin Schüppel (2010)
  Mühlheim: Verlag an der Ruhr
  Geeignet für Klassen 3 – 4, Material für Projektwoche, 71 Seiten.

Diese Mappe, die für eine Projektwoche ausgelegt ist, beschäftigt sich ausschließlich mit dem Kontinent und den Kulturen Afrikas. Darin sind einzelne Arbeitsblätter als Kopiervorlagen mit Sachtexten oder Geschichten, unterstützende Illustrationen und Aufgaben enthalten. Thematisch ist sie in „Natur und Landschaft", „Die Geschichte Afrikas", „So lebt man in Afrika" und „Probleme und Nöte" gegliedert. Diese Mappe gibt einen detaillierten Überblick über Afrika, das ein Kontinent mit vielen Ländern und Kulturen ist. In dieser Mappe wird der Versuch unternommen, Regionen und Länder zu spezifizieren und Verallgemeinerungen zu vermeiden.

Projektwoche „Afrika"

- **Farben Afrikas – Ein Afrika-Projekt für die Grundschule**
  Von Angelika Färber Schmidt, Bettina Gisdakis (2009)
  Braunschweig: Westermann
  Geeignet für alle Klassenstufen der Grundschule, Material für Projektwoche, 104 Seiten.

Dieses Unterrichtsmaterial entstand aus einem Projekt und hat das Ziel, bei den Schülern Interesse für fremde Länder und Kulturen zu wecken, um Ängste vor dem Fremden abzubauen. Dieses fächer- und klassenübergreifende Material beinhaltet Informationen, Arbeitsblätter und didaktische Kommentare, um eine tiefere Auseinandersetzung mit dem Kontinent Afrika und seinen spezifischen Regionen zu ermöglichen. Geografische Informationen, Bastelanleitungen, kulturelle und natürliche Schätze bieten eine große Themenauswahl.

Fächer- und klassenübergreifendes Material rund um den Kontinent Afrika

- **Ana Claudia – Ein Mädchen aus Brasilien**
  Herausgegeben von DEUTSCHE LEPRA- UND TUBERKULOSEHILFE E.V. (2004)
  Würzburg: DAHW
  Geeignet für Klassen 3 – 4, Arbeitsmappe mit 8 Postern und Begleitheft.
  Bezug: (DAHW) Deutsche Lepra- und Tuberkulosehilfe e.V. Würzburg oder
  unter http:// www.dahw.de/schule-und-bildung.

Arbeitsmappe zu
Brasilien

Diese Arbeitsmappe beschäftigt sich mit dem Land Brasilien, seinem kulturellen Reichtum, aber auch seinen Schattenseiten und Problemen. Im Mittelpunkt der Mappe steht ein Mädchen mit dem Namen Ana Claudia – stellvertretend für viele Kinder in Brasilien. Über Ana Claudia soll den Schülern ermöglicht werden, Vergleiche zu ziehen. Dabei werden geschichtliche, kulturelle und ökologische Aspekte herangezogen. In der Auseinandersetzung kann dieses Unterrichtsmaterial zum besseren Verständnis und zur gegenseitigen Achtung von Menschen verschiedener Kulturen beitragen. An konkreten Beispielen wird deutlich gemacht, wie sich schwierige Situationen im Einzelfall verändern lassen. Zusätzlich gibt es Poster und ein dazugehöriges Begleitheft mit Kurzinformationen und didaktischen Hinweisen.

- **Wäre die Welt ein Dorf**
  Regie: JAMES WITHNEY, nach dem Kinderbuch von DAVID J. SMITH und SHELAGH ARMSTRONG (2005): (Deutsche Fassung: ZDFtivi –Tabaluga tivi)
  Frankfurt/Main: Katholisches Filmwerk GmbH
  Geeignet für alle Klassenstufen der Grundschule, Film und digitales Arbeitsmaterial, 23 Min. Bezug: Katholisches Filmwerk GmbH oder unter http:// www.filmwerk.de.

Trickfilm über das
Miteinander auf
der Erde mit
Begleitmaterialien

Was wäre, wenn die Welt ein Dorf mit 100 Einwohnern wäre? Dann würden 22 Bewohner Chinesisch reden, 20 hätten weniger als einen Euro pro Tag, 17 könnten nicht lesen und schreiben, und nur 24 hätten ein Fernsehgerät. Der 23-minütige Trickfilm „Wäre die Welt ein Dorf" beschreibt eindrucksvoll und anschaulich, wie sich das Miteinander auf der Erde in einem kleinen Dorf entwickeln würde. Neben dem Film sind Arbeitshilfen im Begleitheft und weitere Unterrichtsmaterialien auf der DVD enthalten.

- **Schoko-Expedition ... zu Naki nach Ghana**
  Materialien für eine handlungsorientierte Kakaoreise
  Bielefeld: Welthaus Bielefeld (2009)

Geeignet für Klassen 3 – 5, Materialtasche. Bezug: Welthaus Bielefeld unter
http://www.welthaus.de oder http://www.bildungs-bags.de

Dieser „Bildungs-Bag" des Welthauses Bielefeld bietet umfangreiche Pro-jektmaterialien für eine handlungsorientierte Kakaoreise mit Rohstoffen, Bildern und Spielen, einer Broschüre und einer DVD. In der Broschüre gibt es nach einem kurzen, theoretischen Teil über das Globale Lernen anschau-liche Tipps für die eigene Vorbereitung und Durchführung. Die Broschüre kann ohne Weiteres auch ohne die Tasche genutzt werden. Die Kinder gehen mit dem „Bildungs-Bag" auf „Schoko-Expedition" und reisen nach Ghana. Sie lernen Naki kennen, die von ihrem Alltag, vom traditionellen und modernen Leben erzählt. Die Kinder erhalten bunte, spannende Ein-blicke in die globalisierte Produktion am Beispiel von Kakao und Schoko-lade und dem Fairen Handel – und werden selbst zu (fairen) Chocolatiers. Die Projekttasche enthält neben einer methodenreichen Broschüre (15 Module mit zahlreichen Umsetzungsvorschlägen, 46 Seiten) eine DVD mit zusätzlichen Arbeitsmaterialien (PowerPoint-Präsentationen, Arbeitsblät-ter, Fotos u. a.), sowie Materialien wie „faire" Kakao-Rohstoffe, eine Bild-kartei, ein Quiz, ein großflächiges Aktionsspiel und vieles mehr.

„Bildungs-Bag" mit einer handlungs-orientierten Kakaoreise

- **Unsere Erde – Das 3 in 1 Wissensposter**
  Herausgegeben von Peter Delius (2005)
  Kempen: Moses
  Geeignet für alle Klassenstufen der Grundschule, Poster und Material, 16 Seiten. Bezug unter http://www.moses-verlag.de.

„Unsere Erde" beinhaltet ein Poster im Großformat (97 x 63 cm), eine 16-seitige Broschüre mit allem Wissenswerten rund um die Erde und eine Drehscheibe für das spielerische Abfragen von Wissen. Das anschauliche Poster mit kindgerechten Zeichnungen ist gespickt mit Fakten und Infor-mationen. Neben der Broschüre findet sich im Booklet eine Übersicht über die Rekorde der Erde wie: höchster Berg, längster Fluss, etc.

Wissensposter „Unsere Erde"

- **Auf den Spuren fremder Kulturen**
  Eine Buchreihe
  Münster: Ökotopia
  Geeignet für Klassen 1–6, Buch mit CD.
  Bezug über http://www.oekotopia-verlag.de

In dieser vielseitigen Buchreihe „Auf den Spuren fremder Kulturen" des Ökotopia Verlags gibt es eine breite Auswahl von Unterrichtsmaterialien, die sich mit globalen und interkulturellen Themen beschäftigen. Von Religion bis zu Kindertänzen aus aller Welt bietet sie Geschichten, Lieder, Spiel- und Bastelanleitungen sowie Kochrezepte zu den jeweiligen Themen an. Dieses anschauliche Material kann den Unterricht lebhaft unterstützen und zu neuen Ideen anregen.

Diese Empfehlungen bieten nur einen kleinen Ausschnitt aus der Bibliothek des Entwicklungspädagogischen Informationszentrums (EPiZ) in Reutlingen, siehe auch unter http://www.epiz.de/bibliothek. Bundesweit gibt es auch noch viele weitere Möglichkeiten, Unterrichtsmaterialien zum Globalen Lernen auszuleihen und zu erwerben. Eine Übersicht findet sich unter http://www.globaleslernen.de.

- **Das EPiZ in Reutlingen**
  Die Bibliothek hält über 5000 Medien bereit. Das breite Spektrum an Unterrichtsmaterialien, Aktionsmodellen, Dias, Spielen, Videos, Hintergrundliteratur und Zeitschriften steht allen zur Verfügung und kann auch per Fernleihe ausgeliehen werden (siehe Online-Katalog unter http://www.epiz.de/ bibliothek).

Das Entwicklungspädagogische Informationszentrum, vom Arbeitskreis Eine Welt Reutlingen e.V. getragen, ist eine Service-Stelle für Globales Lernen und Bildung für nachhaltige Entwicklung (BNE). Für das EPiZ bedeutet Globales Lernen, pädagogische Antworten auf die Herausforderungen einer globalisierten Welt zu suchen. Dort beschäftigen sich die Mitarbeiter und Referenten z.B. mit Fragen zur Gerechtigkeit in der Ressourcenverteilung, zu Ursachen und Entstehung von Kriegen und Konflikten oder zum Schutz unserer natürlichen Lebensgrundlagen. Als entwicklungspädagogisches Informationszentrum will es zum Nachdenken anregen, Impulse geben und immer wieder neue Wege in der Bildungsarbeit beschreiten, um Lern- und Bewusstseinsprozesse für die drängenden Probleme unserer globalisierten Welt zu öffnen. Der Service richtet sich an Erzieher, Lehrer, Studenten, Erwachsenenbildner, Mitarbeiter der außerschulischen Kinder- und Jugendarbeit sowie die interessierte Öffentlichkeit.

Neben dem Verleih von Medien ermöglicht das EPiZ eine besondere Form des Globalen Lernens im Unterricht. Als zivilgesellschaftlicher Träger des bundesweiten Programms „Bildung trifft Entwicklung" vermittelt es ehemalige Fachkräfte aus der Entwicklungszusammenarbeit, insbesondere an Schulen. In der Begegnung mit Menschen, die in anderen Ländern gelebt und gearbeitet haben, sind vor allem Kinder und Jugendliche neugierig auf authentische Erfahrungen, um Einblicke in die „fremde" Welt zu bekommen, den Bezug zum eigenen Leben zu verstehen, welcher reflektiert und aufgearbeitet werden kann. Die Referenten aus „Bildung trifft Entwicklung" können als Ressourcepersonen die von ihnen häufig mitgebrachten und eingesetzten Medien des EPiZ und des Globalen Lernens daher sehr authentisch präsentieren. Weitere Informationen und die jeweiligen Ansprechpartner des bundesweiten Programms sind erhältlich unter http://www.bildung-trifft-entwicklung.de.

Weiterhin stehen die Mitarbeiter des EPiZ für eine intensive Beratung für Interessenten zur Verfügung, die selbst Fortbildungen und verschiedene Projekte durchführen, indem sie z. B. Schulpartnerschaften zwischen Schulen in Baden-Württemberg und Schulen in Afrika initiieren und begleiten. *Beratungen und Seminare*

Weitere Angebote sind
- Seminare zu Globalem Lernen und BNE für Einrichtungen der Lehreraus- und Fortbildung
- das „globale Klassenzimmer" – ein besonders gestalteter außerschulischer Lernort für Schulklassen und Gruppen
- die Herstellung von didaktischen Materialien, wie z. B. die Reihe „Kalenderwelten"

Literatur

AHRENHOLZ, B. (2010) Erstsprache – Zweitsprache – Fremdsprache. In: AHRENHOLZ, B./ OOMEN-WELKE, I. (Hrsg.) Deutsch als Zweitsprache. In: ULRICH, W. (Hrsg.) Deutschunterricht in Theorie und Praxis (DTP). Hohengehren, 3–16.

APELTAUER, E./ŞENYLDIZ, A. (2011): Lernen in mehrsprachigen Klassen – Sprachlernbiographien nutzen. Berlin.

ASBRAND, B. (2002): Globales Lernen und das Scheitern der großen Theorie. Warum wir heute neue Konzepte brauchen. In: Zeitschrift für internationale Bildungsforschung und Entwicklungspädagogik, 25 (3), 13–19.

ASBRAND, B. (2007): Partnerschaft – eine Lernangelegenheit? In: Zeitschrift für internationale Bildungsforschung und Entwicklungspädagogik, 30/3, 8–14.

BAUR, R. S. (1986) Kann der Zweitsprachenerwerb gesteuert werden? – Perspektiven der Zweitsprachendidaktik. In: Deutsch lernen. Zeitschrift für die Arbeit mit ausländischen Arbeitnehmern. Sprachverband Deutsch für Ausländische Arbeitnehmer e. V. Mainz, 31–50.

BERLINER ENTWICKLUNGSPOLITISCHER RATSCHLAG/EINE WELT NETZWERK HAMBURG/ENTWICKLUNGSPOLITISCHES NETZWERK HESSEN (Hrsg.) (2009): Von Trommlern und Helfern. Beiträge zu einer nicht-rassistischen entwicklungspolitischen Bildungs- und Projektarbeit. Berlin, 56–57.

BLOM, PH. (2011): Die Unordnung der Dinge. In: Frankfurter Rundschau vom 20./21.8.2011, 32–33.

BOLSCHO, D. (2010): Bildung für nachhaltige Entwicklung. In: DATTA, A., 2010, 104–115.

BÜHLER, H. (1996): Perspektivenwechsel. Unterwegs zu Globalem Lernen. Frankfurt/Main.

BÜHLER, H./SOVOESSI, J. (2011): Durabilité en Afrique. Abidjan.

BÜRGISSER, M./FORSTER, M./GRAF-ZUMSTEG, CHR./HERZKA, M. (1992): Globales Lernen in der Schweiz, Bern.

COMENIUS, J. A. (1991): Pampaedia – Alleinerziehung, dt. Übersetzung herausgegeben von K. SCHALLER. St. Augustin.

CUMMINS, J. (1982) Die Schwellenniveau- und Interdepenz-Hypothese: Erklärungen zum Erfolg zweisprachiger Erziehung. In: SWIFT, J. (Hrsg.) Bilinguale und multikulturelle Erziehung. Würzburg, 34–43.

CUMMINS, J. (1984) Zweisprachigkeit und Schulerfolg. Zum Zusammenwirken von linguistischen, soziokulturellen und schulischen Faktoren auf das zweisprachige Kind. In: Die Deutsche Schule 76/84, 187–198.

DATTA, A. (Hrsg.) (2010): Zukunft der transkulturellen Bildung – Zukunft der Migration, Frankfurt/Main.

Datta, A. (2010): Weltbevölkerung, Klimawandel und Migration. In: Ders., Zukunft der transkulturellen Bildung – Zukunft der Migration, 30–42.

Ehlich, K. (2005) Sprachaneignung und deren Feststellung bei Kindern mit und ohne Migrationshintergrund – Was man weiß, was man braucht, was man erwarten kann. In: Ehlich, K., in Zusammenarbeit mit Bredel, U./Garme, B./Komor, A./Krumm, H.-J./ McNamara, T./Schnieders, G./Ten Thije, J. D./Bergh, H. V. D. (Hrsg.): Anforderungen an Verfahren der regelmäßigen Sprachstandsfeststellung als Grundlage für die frühe und individuelle Förderung von Kindern mit und ohne Migrationshintergrund. Bonn und Berlin, 11–75.

Ekinci-Kocks, Y. (2010) Sprachförderung in Kooperation mit Eltern. In: Hoffmann, H./ Ekinci-Kocks, Y.: Sprachdidaktik in mehrsprachigen Lerngruppen. Hohengehren, 274–293.

Fix, M. (2006) Texte schreiben. Schreibprozesse im Deutschunterricht. Paderborn.

Freire, P. (1973): Pädagogik der Unterdrückten. Bildung als Praxis der Freiheit, Reinbek.

Führing, G. (2001): Lernen voneinander. Möglichkeiten und Grenzen von Schulpartnerschaften. In: 21 – Das Leben gestalten lernen, 3, 50–52.

Fuoss-Bühler, S./Maier, D. (2011): Interkulturelles Lernen – Vielfalt macht reich. In: „Lernen an Stationen in der Grundschule", Berlin.

Gibbons, P. (2006) Unterrichtsgespräche und das Erlernen neuer Register in der Zweitsprache. In: Mecheril, P./Quel, Th. (Hrsg.) Die Macht der Sprachen. Englische Perspektiven auf die mehrsprachige Schule. Münster, 269–290.

Gogolin, I./Krüger-Potratz, M. (2006): Einführung in die interkulturelle Pädagogik, Opladen.

Griesshaber, W. (2010) Spracherwerbsprozesse in Erst- und Zweitsprache. Eine Einführung. Duisburg.

Griesshaber, W./Özel, B./Rehbein, J. (1996) Aspekte von Arbeits- und Denksprache türkischer Schüler. In: Unterrichtswissenschaft Heft 24/1996, 3–20.

Heitmeier, U. (2001): unesco-projekt-schulen gestalten Schule. In: forum, 3, 28.

Hoffmann, L. (2010): Mehrsprachigkeit im funktionalen Sprachunterricht. In: Hoffmann, L./Ekinci-Kocks, Y.: Sprachdidaktik in mehrsprachigen Lerngruppen. Hohengehren, 10–28.

Kalkavan, Z. (2011): Lesen in mehrsprachigen Lerngruppen. In: Deutsch Differenziert Heft 2/2011.

Kalkavan, Z. (2010) Kooperatives mündliches und schriftliches Sprachhandeln in fächerübergreifenden Unterrichtseinheiten – Mit kooperativen Lernmethoden den Sprachunterricht in einer multilingualen Klasse gestalten. In: Hoffmann, L./ Ekinci-Kocks, Y. (Hrsg.) Sprachdidaktik in mehrsprachigen Lerngruppen. Hohengehren 2010, 144–163.

KICK FORWARD/INSTITUT FÜR FRIEDENSPÄDAGOGIK (Hrsg.) (2006): Sport und internationale Lernpartnerschaften. Ansätze und Erfahrungen. Tübingen.

KLAFKI, W., in MEYER, H. (2002): Die bildungstheoretische Didaktik. In: KIPER, H./MEYER, H. ET AL. (2002): Einführung in die Schulpädagogik, Berlin, 64 ff.

KNIFFKA, G./SIEBERT-OTT, G. (2009) Deutsch als Zweitsprache. Lehren und lernen. 2. Auflage. Paderborn.

KRUMM, H.-J. (2003) „Mein Bauch ist italienisch ..." Kinder sprechen über Sprachen. In: BAUMGARTEN, N./BÖTTGER, C./MOTZ, M./MEYER, H. (2003) Zehn Merkmale guten Unterrichts. Empirische Befunde und didaktische Ratschläge. In: Pädagogik 10/2003, 36–43.

KULTUSMINISTERKONFERENZ/STÄNDIGES SEKRETARIAT DER KULTUSMINISTERKONFERENZ DER LÄNDER (Hrsg.) (2006): Orientierungsrahmen Globale Entwicklung. Bonn.

LANG-WOJTASIK, G. (2010): Zukunft des globalen Lernens. In: DATTA, 2010, 115–130.

LANG-WOJTASIK, G. (2010): Globales Lernen in interkulturellen Begegnungen. Indisch-deutscher Dialog als Chance. In: Lehren & Lernen. Zeitschrift für Schule und Innovation Baden-Württemberg, Sonderheft 2010: Bildungspartnerschaften Baden-Württemberg – Indien, 36, 7–12.

LEONARD A. (2007): Global School relationships. School Linking and future challenges. In: Zeitschrift für internationale Bildungsforschung und Entwicklungspädagogik, 30/3, 22–27.

MÄRZ, M. (1994): Eins plus Eins macht mehr als Zwei: Nord-Süd-Partnerschaften in Baden-Württemberg. Tübingen.

MEADOWS, D. (1972): Die Grenzen des Wachstums, Bericht des Club of Rome zur Lage der Menschheit, Stuttgart.

MECHERIL, P. (2004): Einführung in die Migrationspädagogik, Weinheim.

MEYER, H. (2002): Die bildungstheoretische Didaktik. In: KIPER, H./MEYER, H. ET AL. (2002): Einführung in die Schulpädagogik, Berlin, 64–75.

MEYER, TH. (1991): Fundamentalismus, Aufstand gegen die Moderne, Reinbek.

MINISTERIUM FÜR LANDWIRTSCHAFT, UMWELT UND LÄNDLICHE RÄUME DES LANDES SCHLESWIG-HOLSTEIN (Hrsg.) (2007): Nord-Süd-Schulpartnerschaft – wie geht das? Eine Orientierungshilfe. Kiel.

NIEKRAWITZ, C. (1990): Interkulturelle Pädagogik im Überblick, von der Sonderpädagogik für Ausländer zur interkulturellen Pädagogik für Alle, Frankfurt.

NOURIPOUR, O. (2011): Tod eines Demokraten. In: Frankfurter Rundschau vom 18.8.2011, 19.

ÖZDIL, E. (2010) Codeswitching im zweisprachigen Handeln. Sprachpsychologische Aspekte verbalen Planens in türkisch-deutscher Kommunikation. Reihe Mehrsprachigkeit. Münster.

PROBST, J. (Hrsg.) Übersetzen, Interkulturelle Kommunikation, Spracherwerb und Sprachvermittlung – das Leben mit mehreren Sprachen. Festschrift für Juliane House zum 60. Geburtstag. Zeitschrift für Interkulturellen Fremdsprachenunterricht 8 (2/3), 1–5.

REHBEIN, J. (2010a) Die Sprachblockade. In: Grundschule Heft 2/2010, 28–30.

REHBEIN, J. (2010b) Sprecht zu Hause Türkisch. In: Grundschule Heft 2/2010, 38–39.

REHBEIN, J./GRIEßHABER, W. (1996) L2-Erwerb versus L1-Erwerb: Methodologische Aspekte ihrer Erforschung. In: EHLICH, K. (Hrsg.) Kindliche Sprachentwicklung. Opladen, 67–119.

SASSEN, S. (2010): Europe's Migrations: The Numbers and the Passions Are Not New. In: DATTA, A., 2010, 42–61.

SCHEUNPFLUG, A. (2007): Partnerschaft oder Patenschaft. Zur Geschichte einer Auseinandersetzung. In: Zeitschrift für internationale Bildungsforschung und Entwicklungspädagogik, 30/3, 2–7.

SCHEUNPFLUG, A./SCHRÖCK, N. (2002): Globales Lernen, Stuttgart.

SCHEUNPFLUG, A./UPHUES, R. (2010): Was wissen wir in Bezug auf das Globale Lernen? Eine Zusammenfassung empirisch gesicherter Erkenntnisse. In: SCHRÜFER, G., 2010, 63–101.

SCHEUNPFLUG, A./SCHRÖCK, N. (2000): Globales Lernen. Einführung in eine pädagogische Konzeption zur entwicklungsbezogenen Bildung. Stuttgart.

SCHRÜFER, G./SCHWARZ, I. (2010): Globales Lernen. Ein geographischer Diskursbeitrag. Münster.

SIEVERS, I. (2010): Transmigration als zukünftiger Regelfall? In: DATTA, A., 2010, 189–205.

VYGOTSKIJ, LEV S. (2007) Zur Frage nach der Mehrsprachigkeit im kindlichen Alter. In: MENG, K./REHBEIN, J. (Hrsg.) Kindliche Kommunikation – einsprachig und mehrsprachig. Reihe Mehrsprachigkeit. Münster, 40–73.

Fitmacher
für die Grundschule

Lehrerbücherei Grundschule *Schule und Unterricht*	ISBN 978-3-589-
Gespräche mit Kindern	05137-3
Jungen besser fördern	05144-1
Kinder individuell fördern	05127-4
Lernen lernen von Anfang an. Band I	05082-6
Lernen lernen von Anfang an. Band II	05083-3
Mit Störungen umgehen	05109-0
Rituale für kooperatives Lernen in der Grundschule	05063-5
Selbstständiges Lernen unterstützen	05142-7
Umgang mit „schwierigen" Kindern	05047-5
80 Methoden für die Grundschule	05147-2
Basis	
Erziehen und Unterrichten in der Grundschule **NEU**	05140-3
Ideenwerkstatt	
35 Unterrichtsideen für jeden Tag	05158-8
Vertretungsunterricht – Deutsch und Musik **NEU**	05180-9
Kompakt	
Diagnostizieren und Fördern	05150-2
Ganztagsschule – Chancen zur individuellen Förderung	05149-6
Gewaltfreier Umgang mit Konflikten in der Grundschule **NEU**	05187-8
Inklusion – eine Schule für alle	05164-9
Kreatives Schreiben (6., überarb. Auflage)	05154-0
Lernen in mehrsprachigen Klassen **NEU**	05143-4
Lernförderung im Team **NEU**	05188-5

*Informieren Sie sich unter der Nummer 0180 - 121 20 20 (3,9 ct/min. aus dem Festnetz der Dt. Telekom)
oder in unserem Onlineshop: www.cornelsen-shop.de*

Willkommen in der Welt des Lernens